［改訂版］

会 計 原 理
―財務3表の作成と読み方―

斎藤孝一［著］

創成社

はしがき

　家の近くにコンビニエンスストアがある。以前あった店が2軒いつの間にかなくなったと思っていたら，新しく3軒できて合計5軒になった。少し前には過当競争気味でコンビニエンスストアの経営も大変な時代になったなと思っていたら，最近はプライベートブランド商品の充実やポイントシール企画などで人気を盛り返しているような気もする。

　このコンビニエンスストアの売上高の業界ランキング第1位は「セブンイレブン」である。この「セブンイレブン」を抱える親会社が「セブン＆アイ・ホールディングス」である。「セブン＆アイ・ホールディングス」は，「イトーヨーカ堂」などを傘下に持つ大手流通持ち株会社である。この「セブン＆アイ・ホールディングス」の2013年2月期の業績について，日本経済新聞2013年3月22日号は「連結営業利益は前の期比1％増の2,960億円程度と2期連続で過去最高益を更新したようだ。」と伝えている。ここにいう連結とはどういうことであろうか。また，営業利益とはどんな利益であろうか。あるいは前期と比べる方法はどんな意義があるのであろうか。

　また，ハンバーガーでおなじみのマクドナルドについて，同じく日本経済新聞2013年3月22日号は，「日本マクドナルドホールディングスが21日に公表した2012年12月期の有価証券報告書で，原田泳幸会長兼社長の役員報酬が1億6,800万円だったことが明らかになった。3億1,700万円だった前の期と比べ約5割減った。既存店売上高が不振で前期に7年ぶりに経常減益になったことを反映したようだ」と伝えている。マクドナルドは，2008年度から2012年度まで売上高が減少し続けており，経常利益は2008年度から2011年度までは増加していたものの，2012年度には2010年度よりも少なくなった。この経常利益と前述の営業利益とはどう違うのだろうか。前述のセブン＆アイ・ホールディングスの記事にある2013年2月期と日本マクドナルドホールディング

スの記事の2012年12月期とはどのような違いがあるのだろうか。また，有価証券報告書とは何であろうか。

　本書は，このような疑問に応えるために，はじめて企業会計を学ぼうとする学生やビジネスパーソンのために書かれている。本書の副題にもあるとおり，本書は大きく分けて2つの部分に分かれている。1つは，会計情報がどのように作成されているのかを理解するための部分である。そこでは個人企業の取引を例題として複式簿記の原理を学習する。簿記の知識は必要ないというようなビジネス書も散見されるが，本書は，複式簿記の原理こそ会計のコアであると考えている。企業会計はもちろんのこと，公会計においても複式簿記の重要性はますます大きくなっているといえよう。会計情報の意味を理解する上で，複式簿記の知識は必須のものと考えている。

　2つめは，財務諸表をどのように読むのかを理解するための部分である。本書は，会計情報はどのように作成するかということと同様に，どのように読むのかということも重要であると考えている。われわれが普段目にすることのできるのは上場会社の決算書であるから，この財務諸表の読み方の部分では上場会社を取り上げ，事例として「株式会社日本航空（日本航空）」の有価証券報告書を取り上げている。貸借対照表や損益計算書，キャッシュ・フロー計算書等は財務諸表と呼ばれる企業の経営活動を報告するための計算書である。これらの財務諸表上の数値を数年間の時系列分析，「全日本空輸株式会社（全日空）」との比較によるクロスセクション分析，デュポン・システムによる財務比率分析を行うことによって，日本航空の財務諸表に記載されている会計情報がどのような特徴を持っているのかについて学習する。

　最後に，本書の出版を快くお引受けくださった塚田尚寛社長，辛抱強く編集の労をお取りいただいた西田徹氏に心より御礼申し上げ，ここに感謝の意を表する次第です。

平成25年3月

斎藤孝一

改訂にあたって

　本書の初版の発行は，2013年であったので，5年が経過している。5年の間に，会計情報の作成に関わることがらにいくつかの変化があった。例えば，2013年に『連結財務諸表に関する会計基準』が改正され，2015年4月1日以降に開始される連結会計年度から，連結損益計算書では，一番最後の損益を示すいわゆるボトムラインは「当期純利益」から「親会社株主に帰属する当期純利益」に変更された。また，簿記検定の出題範囲や勘定科目名にも多少の変更があった。改訂版では，これらの変更にあわせて，構成を若干変更している。

　これら会計情報の作成に関わることがらに加えて，会計情報を読む側面からも大きな動きがあった。2014年8月には，経済産業省から伊藤レポートと呼ばれる『持続的成長への競争力とインセンティブ～企業と投資家の望ましい関係構築～』プロジェクトの最終報告書がリリースされ，その中で企業は「最低限8％を上回る自己資本利益率（ROE）」を達成するよう求められている。このような動きを受けて，自己資本利益率（ROE）は，あらためて注目を集める経営指標になっている。例えば，日本経済新聞2018年3月14日号は，「企業の稼ぐ力　米欧に迫る」という見出しで「日本企業の収益力が欧米企業に迫っている。どれだけ効率的に利益を稼いだかを示す自己資本利益率は2017年度に10.1％まで上昇する見通しだ。データを遡れる1982年度以降で10％を超えるのは初めて。」と伝えている。自己資本利益率（ROE）とその分解については，初版本に引き続き，改訂版でも取り上げている。

　改訂版では，第13章から第15章まで，「東京ディズニーランド」等を経営する「株式会社オリエンタルランド」を取り上げ，有価証券報告書の「事業の内容」「経営成績」「キャッシュ・フローの状況」など，財務諸表の数値だけではなく，なぜこのような数値になったのかといった「株式会社オリエンタルラ

ンド」自身の分析も取り上げている。オリエンタルランドは，中期経営計画でキャッシュ・フローに言及している。第14章では，売上高や各種利益に加えて，各種キャッシュ・フローの推移についても考察している。第15章では，自己資本利益率（ROE）とその分解を取り扱っているが，オリエンタルランドと「ハウステンボス株式会社」を比較して，両社の収益性，効率性などについて考察している。

　改訂版は，はじめて会計を学習する学生やビジネスパーソンが，会計情報から企業活動を分析するための知識を得られるように，複式簿記の原理ばかりでなく，有価証券報告書の会計情報にも踏み込んだ内容となっている。

2018年5月

斎藤孝一

目　次

はしがき
改訂にあたって

第1章　会計情報の作成と複式簿記 ——————— 1
　1．企業会計と複式簿記……………………………………… 1
　2．企業会計の前提条件と会計公準………………………… 3
　3．企業会計原則と会計基準………………………………… 4
　4．企業会計原則の一般原則………………………………… 5
　5．複式簿記の原理…………………………………………… 9

第2章　取引の仕訳（その1） ——————— 31
　1．商品売買取引の仕訳（その1）…………………………31
　2．現金・預金取引の仕訳（その1）………………………32
　3．債権・債務の仕訳（その1）……………………………36
　4．株式・債券取引の仕訳（その1）………………………38
　5．資本金勘定………………………………………………42

第3章　決　算 ——————— 45
　1．決算の手続き……………………………………………45
　2．元帳決算の方法…………………………………………46
　3．決算の報告………………………………………………49

第4章　試算表 ——————— 51
　1．試算表の機能……………………………………………51

2．試算表の種類 ……………………………………………………52
　　　3．試算表で発見できる誤りと発見できない誤り ……………53

第5章　精算表（その1）―――――――――――――― 59
　　　1．試算表と貸借対照表・損益計算書の関係 ……………………59
　　　2．6桁精算表 ………………………………………………………61

第6章　貸借対照表（その1）―――――――――――― 63
　　　1．財産法と純資産（資本）等式 …………………………………63
　　　2．貸借対照表等式と貸借対照表 …………………………………64

第7章　損益計算書（その1）―――――――――――― 67
　　　1．損　益　法 ………………………………………………………67
　　　2．損益計算書等式と損益計算書 …………………………………68

第8章　キャッシュ・フロー計算書（その1）―――――― 69
　　　1．キャッシュ・フロー計算書の資金概念 ………………………69
　　　2．キャッシュ・フロー計算書の構造 ……………………………70

第9章　取引の仕訳（その2）―――――――――――― 73
　　　1．商品売買取引の仕訳（その2）…………………………………73
　　　2．現金・預金取引の仕訳（その2）………………………………78
　　　3．債権・債務の仕訳（その2）……………………………………83
　　　4．債権・債務の仕訳（その3）……………………………………87
　　　5．株式・債券取引の仕訳（その2）………………………………95
　　　6．有形固定資産 ……………………………………………………96

第10章　決　算（その2） ―― 99
1. 損益計算基準の展開 ………………………………………99
2. 決算整理 …………………………………………… 100

第11章　精算表（その2） ―― 117
1. 8桁精算表の意義 …………………………………… 117
2. 8桁精算表の作成 …………………………………… 117

第12章　貸借対照表，損益計算書，キャッシュ・フロー計算書の作成 ―― 123
1. 現金取引と信用取引 ………………………………… 123
2. 発生主義と現金主義 ………………………………… 124
3. 損益計算書とキャッシュ・フロー計算書 ………… 124
4. 貸借対照表とキャッシュ・フロー計算書 ………… 125
5. 現金取引のみの場合の貸借対照表，損益計算書，
   キャッシュ・フロー計算書の作成 ………………… 126
6. 棚卸資産がある場合の貸借対照表，損益計算書，
   キャッシュ・フロー計算書の作成 ………………… 128
7. 固定資産，債務がある場合の貸借対照表，損益計算書，
   キャッシュ・フロー計算書の作成 ………………… 132
8. 売掛金，買掛金がある場合の貸借対照表，損益計算書，
   キャッシュ・フロー計算書の作成 ………………… 136

第13章　会計情報の読み方（その1） ―― 141
1. 有価証券報告書の概要 ……………………………… 141
2. オリエンタルランドの有価証券報告書 …………… 143

第14章　財務諸表の読み方（その2）——— 159

1．時系列分析 ………………………………………… 159
2．売上高の推移 ……………………………………… 159
3．経常利益の推移 …………………………………… 161
4．親会社株主に帰属する当期純利益の推移 ……… 164
5．キャッシュ・フローの推移 ……………………… 166

第15章　財務諸表の読み方（その3）——— 173

1．クロスセクション分析 …………………………… 173
2．ROE（自己資本利益率）の比較 ………………… 173
3．オリエンタルランドとハウステンボスの比較 … 174

解　答　編　181
索　　　引　193

第1章
会計情報の作成と複式簿記

1. 企業会計と複式簿記

　会計とは何だろうか。まず思いつくのは，お金を計算することである。学校生活や自治会で会計係といえば，会費を徴収し，支払いに応じ，残高を報告する係のことである。また，企業の会計担当者といえば，資金繰りなど企業経営に欠かせない役割を担っている人というイメージが思い浮かぶ。

　しかしながら，このように会計という言葉は，われわれの生活になじみのある用語であるにもかかわらず，具体的に会計とは何かというとすぐには答えられないような何か曖昧さを持った抽象的な概念のように思われる。

　それでは，会計はどのように定義されているのであろうか。一般に，会計とは，「金銭その他の財産の増減を記録し，一定期間ごとに計算し，その結果を報告することである」といわれている。

　このように定義される会計は，大きく分けて企業会計と公会計に分類することができる。企業会計とは文字通り企業が行う会計であり，公会計とは国や地方自治体の行う会計である。企業会計は，営利獲得を目的としているため，金銭の収支やその他の財産の増減計算に加えて損益計算を行うところに特徴がある。一方，公会計は，これまで金銭の収支計算を中心としていたが，複式簿記導入の検討をはじめとして企業会計に近づけようとする試みが行われている。このように複式簿記は会計の中心的存在といえる。本書では，このうち企業会計に焦点を合わせている。

企業会計は，企業の経済活動を映すことが求められる。すなわち，企業における すべての経済活動は，会計データに正しく反映されることが期待される。そのための方法として，企業会計は 500 年もの間，複式簿記によって企業の経済活動を会計データに置き換えてきた。

　会計データによる企業活動の報告書は，財務諸表と呼ばれる。具体的には，一定時点の財政状態を表す貸借対照表，一定期間の経営成績を表す損益計算書，一転期間の資金の状況を表すキャッシュ・フロー計算書，期首と期末の貸借対照表の純資産の変動状況を表す株主資本等変動計算書等がある。本書は，このうち基本財務諸表として，貸借対照表，損益計算書，キャッシュ・フロー計算書を取り上げる。

　ここで，もう一度，会計データについて考えてみる。会計データは複式簿記によって作成される。複式簿記は企業の経済活動を貨幣単位によって計算するシステムである。したがって，貨幣単位で表すことのできない経済活動は会計データとして表すことはできない。企業の経営資源としてあげられるものに「ヒト」「モノ」「カネ」「知的財産」等があるが，このうち，一般的には，「モノ」と「カネ」のみが会計データとして貨幣単位によって情報化される。「ヒト」と「知的財産」については，会計に取り込もうとする試みが行われているが十分とはいえず，現在のところ会計では取り扱うことが難しい。

　また，企業会計は，目的あるいは報告対象の違いによって，財務会計と管理会計に大別することができる。財務会計は，債権者や投資家などの企業外部の利害関係者を報告対象とし，必要な資金を調達することを主たる目的としている。これに対して，管理会計は，経営者や管理者などの企業内部の利害関係者を報告対象とし，経営の意思決定や業績評価に役立てることを主たる目的としている。このように，企業会計は財務会計と管理会計に大別され異なる目的を持っているが，基礎となる会計データは複式簿記によって作成される。

問題

問　企業会計における複式簿記の役割について簡単に述べなさい。

2．企業会計の前提条件と会計公準

　企業会計は，一般に社会に広く認められている前提条件のもとで行われる。この前提条件を会計公準という。
　会計公準には今日ではいくつかの解釈が存在するが，基本となるものは企業実体の公準，継続企業の公準，貨幣的評価の公準の 3 つである。

(1) 企業実体の公準

　企業実体の公準とは，企業会計の対象は企業そのものであり，企業は資本主や所有者などの利害関係者から独立して存在するという前提である。株式会社は，債権者や投資家などから資金を調達しそれを運用するが，企業会計の対象は株式会社自体であり，債権者や投資家の立場から独立して会計処理が行われる。また，個人企業の場合，店の会計と店主の家計は区別されて処理される。

(2) 継続企業の公準

　継続企業の公準とは，実際の企業の中には，倒産，破産などに見舞われる企業も少なくないが，企業会計が対象とする企業は，長期にわたって継続して企業活動を行うという前提である。現代の企業は，大航海時代のように創立時と解散時の財産有高の比較によって利益や損失の計算をすることはできない。そのため，企業会計は，定期的に一定の期間を区切って，会計記録を締切り，経営成績や財政状態等を計算する。

(3) 貨幣的評価の公準

　貨幣的評価の公準とは，企業活動を測定・記録・計算・報告するためには何らかの尺度が必要であるが，企業会計では貨幣によってこれを行うという前提である。貨幣を尺度として使用することによって，企業会計は，利益や損失を計算することができ，資産や負債，純資産（資本）の大きさを比較することが

できる。また,反対に,貨幣で表すことのできない企業活動は企業会計の対象からはずれることになる。

> 問 題

　問　会計公準について簡単に説明しなさい。

3．企業会計原則と会計基準

　企業が銀行から金を借りるときにも,税金を支払うときにも,基礎となる資料は会計情報である。また,投資家が投資をするために参考にする資料も,経営者が経営管理に役立てる資料も基本となるのは会計情報である。例えば,経営管理のために,経営者が会計情報を利用しようとするときには,他企業や業界平均あるいは過去の会計情報との比較を行おうとする。また,それぞれ利害の異なる債権者,株主,投資家といった企業外部の利害関係者も,借入金の返済可能性,出資金の運用状況,投資判断のための収益性や成長性などのための会計情報を必要としている。このような要求に企業会計がこたえるためには,各企業がそれぞれの都合で会計処理および報告を行うのではなく,企業会計が一定の標準にしたがって行われる必要がある。企業会計では,会計原則や会計基準がこのような標準としての役割をになっている。

　会計原則は,会計公準を基礎に会計処理および報告に関する共通の認識となる基本原則を明確化したものである。わが国では,企業会計原則がこれにあたる。企業会計原則は,1949年（昭和24年）に経済安定本部企業会計制度対策調査会の中間報告として設定された。その後,大蔵省企業会計審議会によって,1954年（昭和29年）,1963年（昭和38年）,1974年（昭和49年）,1982年（昭和57年）に一部修正が加えられた。近年の企業会計制度の改正に際しては,企業会計原則の修正あるいは改正という形はとらず,例えば「連結キャッシュ・フローの作成基準」,「退職給付に係る会計基準」,「税効果会計に係る会計基準」,「金融商品に係る会計基準」,「リース取引に係る会計基準」など個別に会計基

準を作成する必要性にあわせて企業会計基準を設定している。企業会計基準は，企業会計原則に優先して適用されるが，企業会計基準に規定されていない項目については企業会計原則が適用される。

本章では，会計原則の基本である企業会計原則の一般原則を学習する。

4．企業会計原則の一般原則

企業会計原則は，企業会計の実務において，長く慣習として発達したものの中から，一般に公正妥当と認められた会計処理および報告に関する基準をまとめたものであり，準拠しない会計処理は健全な会計慣行に反するものと判断される。

企業会計原則は，一般原則，損益計算書原則，貸借対照表原則から構成されており，一般原則は，会計に関する処理ならびに諸基準の基本的な原則を示し，損益計算書原則，貸借対照表原則は，具体的な会計処理および報告に関する基準である。

企業会計の一般原則として，企業会計原則では，次の7つの原則をかかげている。

（1）真実性の原則

「企業会計原則」の一般原則の第一に「企業会計は，企業の財政状態および経営成績に関して，真実な報告を提供するものでなければならない」と要請されている。これを真実性の原則といい，企業会計を行うに当たって，あらゆるルールに優先して適用される根本的な原則であり，企業会計の最高規範とされる。

「真実な報告」を行うためには，不正，誤謬，粉飾を排除する会計処理が求められていることはもちろんであるが，会計処理においては「真実性」は唯一絶対の真実を意味しない。というのは，企業会計は，資産の評価や減価償却などの会計処理に際して，主観的判断によることが多いために，客観的に絶対

な真実を報告することはほとんど不可能であり，期待されていないことによる。

　企業会計の真実性は，経営成績を過大に表示したり，過小に表示したりする弊害をさけ，あくまでも経営成績を適正に表示するように，企業会計原則に定める諸原則に準拠することにより，会計報告の真実性を確保しようとするものである。すなわち，

① 正規の簿記の原則にしたがって，営業取引に関する正確な歴史的記録を行うこと。

② 明瞭性の原則にしたがって，真実を隠蔽せず，会計に関する情報を利害関係者に，一定の様式に基づいて明瞭に報告すること。

③ 継続性の原則に基づいて，毎期の会計処理を継続的に行い，会計に関する手続き・方法および評価などの基準をみだりに変更しないこと。

④ 単一性の原則に基づいて，会計に関する報告書類を，政策的考慮を加えずに一つの真実な情報として提供すること。

以上の条件は，真実性の保証として最も重要なものと考えられている。

（2）正規の簿記の原則

　一般原則の第二に「企業会計は，すべての取引につき，正規の簿記の原則に従って，正確な会計帳簿を作成しなければならない」と要請されている。これを正規の簿記の原則という。

　正規の簿記の原則は，すべての取引を正確・整然かつ明瞭に記帳することを求めているが，複式簿記による会計帳簿でなくとも，これらの要件を満たす会計帳簿であるならば正規の簿記の要件を備えた会計帳簿として認めることができる。しかしながら，複式簿記が最も適していると考えられている。

　正規の簿記の原則は，正確な帳簿の作成を要請するものであるが，同時に，すべての取引について正確な会計帳簿に基づいて貸借対照表や損益計算書などの財務諸表を作成することも要求していると解釈されている。

(3) 資本取引と損益取引との区別の原則

一般原則の第三に,「資本取引と損益取引とを明瞭に区別し,特に資本剰余金と利益剰余金とを混同してはならない」と要請されている。これを資本取引と損益取引との区別の原則といい,剰余金区分の原則とも呼ばれている。

資本剰余金は資本取引から生じ,利益剰余金は損益取引から生じる。資本取引とは,損益発生以外の原因によって,企業の純資産(資本)の増加または減少を引き起こす取引をいう。例えば,株主の払い込みによる資本金の増加は,資本取引の代表的な例である。一方,損益取引とは収益や費用を生じさせ,結果として,企業の純資産を増減させる取引をいう。株主が資本として提供したものと,その資本を運用して得た利益とを厳密に区別して会計処理・表示をすることを要求したものである。なお,会社法では,これと異なる考えから,株式会社の資本と利益の同一性を重視した扱いを定めている。

剰余金は,1949年(昭和24年)に企業会計原則が設定されたときに導入された概念で,「会社の純資産(資本)額が法定資本の額を超える部分」である。法定資本は,旧商法における会社設立のための最低必要な資本金の金額のことで,株式会社であれば1,000万円,有限会社であれば300万円であったが,2006年(平成18年)5月施行の会社法によって,この規制は撤廃されており,現在,法定資本という概念はない。

(4) 明瞭性の原則

一般原則の第四に,「企業会計は,財務諸表によって,利害関係者に対し必要な会計事実を明瞭に表示し,企業の状況に関する判断を誤らせないようにしなければならない」と要請されている。これを明瞭性の原則といい,開示の原則とも呼ばれる。

この原則は,株主,債権者,取引先,課税当局などの利害関係者が企業の財政状態や経営成績について正しい判断ができるように,必要な会計事実を,財務諸表によって,明瞭に示すことを要請するものである。

(5) 継続性の原則

一般原則の第五に「企業会計は，その処理の原則および手続を毎期継続して適用し，みだりにこれを変更してはならない」，注解3の中に「正当な理由によって，会計処理の原則または手続に重要な変更を加えたときは，これを当該財務諸表に注記しなければならない」と要請されている。これを継続性の原則という。

この原則は，財務諸表の期間的な比較可能性を確保すること，および経営者の恣意的な会計操作を排除することを目的としていると考えられている。

(6) 保守主義の原則

一般原則の第六に，「企業の財政に不利な影響を及ぼす可能性がある場合には，これに備えて適当に健全な会計処理をしなければならない」と要請されている。これを保守主義の原則という。

保守主義の考え方は，イギリスの企業会計の伝統で，企業は将来のリスクに対してあらかじめ備えをする必要があるということから「予想の利益は計上してはならないが，予想の損失は計上しなければならない」という会計慣行に基づくといわれている。しかし，原価基準および費用配分の原則が尊重される現在では，過度の保守主義は真実性の原則に反するものと考えられている。また，利益操作のために保守的な会計処理を認めているものではない。

(7) 単一性の原則

一般原則の第七に，「株主総会提出のため，信用目的のため，租税目的のため等種々の目的のために異なる形式の財務諸表を作成する必要がある場合，それらの内容は，信頼しうる会計記録に基づいて作成されたものであって，政策の考慮のために事実の真実な表示をゆがめてはならない」とする要請を単一性の原則という。

この原則は，会社法による計算書類と金融商品取引法による財務諸表のように財務諸表の記載の方法や形式が多少異なるのはやむをえないが，いずれの場

合でも，その内容は，正規の簿記の原則に従って記録された正確な会計帳簿に基づいており，真実を表示する点では同一のものでなければならないとするものである。

> 問題

問　次の文の（　）の中に適当な語を記入しなさい。
1. 企業会計原則は，企業会計の実務において，長く（　　　　　　）として発達したものの中から，一般に（　　　　　　）と認められる（　　　　　　）および（　　　　　　）に関する基準をまとめたものである。
2. 真実性の原則は，企業の経営成績および（　　　　　　）に関して（　　　　　　）を提供するものでなければならないと要請している。
3. 企業会計は，すべての取引につき，（　　　　　　）の原則にしたがって，正確な（　　　　　　）を作成しなければならない。
4. 資本取引と（　　　　　　）とを明瞭に区別し，とくに資本剰余金と（　　　　　　）とを混同してはならない。
5. 企業会計は，会計処理の基準や手続を毎期（　　　　　　）して適用し，みだりにこれを（　　　　　　）してはならない。
6. 株主総会提出のため，信用目的のため，租税目的のためなど，種々の目的のために異なる形式の（　　　　　　）を作成する必要がある場合，それらの内容は，信頼しうる（　　　　　　）にもとづいて作成されたものであって，政策の考慮のために事実の真実な（　　　　　　）をゆがめてはならない。

5．複式簿記の原理

(1) 複式簿記の起源と発展

　複式簿記の歴史は古い。その起源については，古代ローマ説，中世イスラム説，中世イタリア説等がよく知られている。このように複式簿記の起源には諸

説あるものの，ルネサンス期のイタリアの数学者ルカ・パチョーリ（LucasPacioli）が1494年にベニスで著した書物『スンマ』〔『算術，幾何，比，および比例に関する総覧（全書あるいは全集などとも訳されている）』〕が複式簿記に関する印刷本として最初のものであり，ルカ・パチョーリは今日「簿記会計の父」「複式簿記の祖」といわれている。

　ルカ・パチョーリの著した『スンマ』は，当時地中海地域において行われていた複式簿記を体系的・学問的に初めてまとめたものである。この頃ドイツのグーテンベルグは鉛活字による活版印刷技術を発明し，大量の印刷物を印刷することに成功したが，『スンマ』もグーテンベルグによって印刷され，広く読まれることになった。ルネサンス期には，それまで一般的に書物がラテン語で書かれていたのに対して，口語であるイタリア語で書物が書かれるようになった時期である。『スンマ』もイタリア語で書かれており，このことも広く一般に読まれた要因といわれている。

　その後，複式簿記は，経済の中心地の移動と呼応するように，イタリア，オランダ，イギリスなどの順でヨーロッパ諸国で使用されるようになり，次第に改良が加えられ今日の形になったと考えられている。例えば，損益計算では，取扱商品がすべて売却済みになるか航海や旅行が終了した時点で取扱商品の荷口あるいは航海別の勘定を締め切り損益を計算する口別損益計算から，定期的な損益計算，年次損益計算と発展していった。また，産業革命を成し遂げたイギリスにおいて，減価償却や原価計算などが生み出された。現在では，アメリカの会計基準や欧州連合（EU）の国際財務報告基準が各国の会計基準に影響を与えており，今日の複式簿記にも影響を与えている。

（2）わが国における複式簿記の導入

　わが国においては，江戸時代の商家で使われていた大福帳が知られている。この大福帳は，商業取引が売掛金で行われていたため，取引相手ごとに口座を設けて売掛金の内容を記したものと伝えられている。複式簿記がはじめてわが国に導入されたのは，1873年（明治6年）のことである。この年には3冊の簿

記書が出版されている。まず6月に福沢諭吉の『帳合之法』が出版されている。『帳合之法』は，ブライアント（H. B. Bryant）とスタラットン（H. D. Strattonand）の著書の翻訳である。次いで，10月に加藤斌（なかば）の『商家必要』が刊行された。『商家必要』は，イングリス（W. Inglis）の著書の翻訳書である。さらに，12月に大蔵省は『銀行簿記精法』5巻本を刊行した。『銀行簿記精法』は，スコットランド人のシャンド（A. A. Shand）が執筆した原文を翻訳加筆したものである。

また，1875年（明治8年）には，文部省が小・中学校の簿記教科書として，アメリカ人のマルシェ（C. C. Marsh）の2冊の元本を小林儀秀が翻訳した『馬耳蘇氏記簿法』5冊本を出版している。

このように，明治の初期に文明開化の一環として，複式簿記は導入され，近代日本を形成する役割の一端を担ったことになるが，その後，昭和に入ってからわが国の会計制度は次第に整備され，1949年（昭和24年）には，「企業会計原則」等が発表されている。また，今日では，先に述べたように，アメリカの会計基準や国際財務報告基準の影響を受けて各種の会計基準が設定され，複式簿記にも大きな影響を与えている。

問題

問　複式簿記の起源と発展について簡単に述べなさい。

（3）複式簿記の計算構造
①　貨幣の流れと財の流れ

商品売買を営む企業は，仕入先から商品を仕入れ，これを得意先に販売することによって利益を上げる。また，製造業は，原材料を買い入れ，それを加工して製品を作り，これを販売することによって利益を上げる。このように，企業は，商品や材料といった財を購入し，それを販売する。これを貨幣という側面に注目してみると，まず仕入時には貨幣の支出があり，次いで販売時に貨幣の収入があることになる。この貨幣の収入と支出のみに着目して計算書を作成

現 金 出 納 帳

		摘　　　　要	収　入	支　出	残　高
8	1	前月繰越	100,000		100,000
	6	文房具買入れ		3,000	97,000
	13	山上商店へ売上げ	300,000		397,000
	25	中野商店から仕入れ		100,000	297,000
	31	次月繰越		297,000	
			400,000	400,000	
9	1	前月繰越	297,000		297,000

すると，現金出納帳のような計算表が作成される。

　上記の現金出納帳からわかるように，現金の収入と支出，残高といった貨幣の流れについてはつかむことができるが，商品や文房具といった財の流れについては把握することが簡単ではない。その理由は，収入の金額あるいは支出の金額のみを記入・計算しており，財については摘要欄で収入・支出の理由として記述しているにすぎないからである。

　ここで，雑貨を取り扱っている商店が，次のような取引を行った場合を例にとり，財と貨幣の流れをどのように記録するかを考える。

　　　　4月1日　雑貨¥10,000を現金で仕入れた。
　　　　4月5日　上記の雑貨を¥15,000で販売し，代金を現金で受け取った。

　これを現金あるいは商品ごとの記録としてみると次のようになる。すなわち，現金に着目すると，4月1日に現金¥10,000の支出と4月5日に現金¥15,000の収入が記録される。この取引を財である雑貨という商品に着目すると，4月1日に商品¥10,000の仕入れがあり，4月5日には商品¥10,000が販売される。また，現金の収入¥15,000と支出¥10,000の差額を計算することによって商品売買益¥5,000が記録される。

　これを日付ごとの記録とみると次のようになる。すなわち，4月1日には，

図表1-1 財・貨の流れと複式簿記

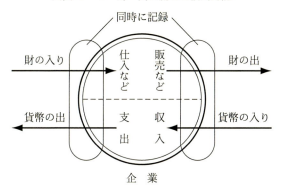

商品¥10,000の仕入れと現金10,000の支出が記録される。4月5日には，現金15,000の収入と商品¥10,000の販売および商品売買益¥5,000が記録される。

複式簿記は，上記2つの記録方法のうち，この貨幣の流れと財の流れを日付ごとに同時に記録する方法である。

② 勘定

複式簿記は，貨幣の流れと財の流れを計算するにあたって，勘定と呼ばれる計算単位を使用する。勘定は，資産，負債，純資産（資本），収益，費用の5つに大別される。

a. 資産

企業活動に必要な現金，商品，事務用の机やロッカー，建物や土地などを資産という。これら目に見える財や貨幣だけではなく，資産には商品代金や貸した金を後日受け取る権利なども含まれる。

これらの資産は，企業がどのような形で資金を運用しているかを表している。

b. 負債

企業は資金を現金のみでまかなっているわけではない。例えば，代金は後日支払う約束で商品を仕入れたり，あるいは銀行などから現金を借り入れたりする。これらの活動の結果，企業には商品という財や現金という貨幣が流入するが，同時にこれらは後日企業が支払わなければならない義務を負うことになる。

この後日支払わなければならない義務を負債といい，資金をどのように調達しているかを表している。

c．純資産（資本）

企業が所有する資産の純額を純資産（資本）といい，資産の総額から負債の総額を差し引いて計算される。純資産（資本）は，企業主が出資している金額を示している。純資産（資本）も負債と同様に，資金をどのように調達しているかを表している。

d．収　益

企業が商品や製品を販売したり，サービスを提供した場合，企業は代金を受け取る。あるいは将来に代金を受け取ることになる。このような代金を受け取る原因を収益という。ここで注意すべきことは，複式簿記における収益は，必ずしも現金の収入を伴わないということである。例えば，代金は後日受け取るという約束で商品を販売した場合も売上という収益が発生することになる。

企業は収益によって資産を増加させることができ，ひいては純資産（資本）を増加させることができる。収益は，このように商品や製品の販売，サービスの提供によって純資産（資本）を増加させる原因を表している。

e．費　用

企業が経営活動を行うためには，従業員を雇ったり，家賃や光熱費などを支払ったりする必要がある。これらは企業が収益をあげるために必要な支出である。ここで注意すべきことは，複式簿記における費用は，必ずしも現金の支出を伴わないということである。例えば，減価償却費のように支出を伴わないものも費用に含まれる。

企業は費用によって資産を減少させ，ひいては純資産（資本）を減少させる。このように費用は，収益を獲得するために純資産（資本）を減少させる原因を表している。

③　勘定科目

複式簿記は，前述したように，貨幣の流れと財の流れを計算するにあたって，資産，負債，純資産（資本），収益，費用の5つの勘定と呼ばれる計算単位を

使用する。しかし，これらの勘定は，実際の企業活動を把握するには大まかすぎる。そのため，複式簿記ではこれらの勘定を細分化した勘定科目を用いる。

a．資産の主な勘定科目

現　　　金：硬貨や紙幣など。
売　掛　金：商品を販売したときの未収代金（掛代金）を受け取る権利。
貸　付　金：現金を貸し付けたときに後日返済を受ける権利。
商　　　品：販売目的で所有している物品。
備　　　品：経営活動を行う上で使用する机，いす，パソコンなど。
建　　　物：経営活動を行う上で所有する店舗，倉庫，事務所などの建築物。
土　　　地：経営活動を行う上で所有する建築物の敷地や駐車場。

b．負債の主な勘定科目

買　掛　金：商品を仕入れたときの未払代金（掛代金）を支払う義務。
借　入　金：銀行などから現金を借り入れたときに生じる返済義務。

c．純資産（資本）の主な勘定科目

資　本　金：個人企業の場合は純資産（資本）の増減額。
引　出　金：個人企業の純資産（資本）の減少額。

d．収益の主な勘定科目

売　　　上：商品を販売した金額。
商品売買益：商品を販売した金額とその商品の仕入原価の差額。
受取手数料：商品売買の仲介などによって受け取る金額。
受 取 家 賃：店舗や倉庫などを貸しているときに受け取る金額。
受 取 地 代：土地を貸したことによって受け取る地代。
受 取 利 息：預金や貸付金などによって受け取る利息。

e．費用の主な勘定科目

仕　　　入：商品を仕入れたときの金額。
給　　　料：雇い入れた従業員に対して支払った給料。
広　告　料：新聞・雑誌の広告や，新聞の折り込みチラシなどの代金。

支払手数料：取引の仲介などのために支払った手数料。
支払家賃：店舗や倉庫などを借りているときに支払った賃借料。
支払地代：土地を借りている場合に支払った地代。
交通費：電車・バス・タクシー代。
消耗品費：帳簿・伝票・文房具代。
水道光熱費：電気・ガス・水道代。
通信費：電話料金，切手・はがき代。
支払利息：銀行などからの借入金に対して支払う利息。
雑費：お茶菓子，新聞代など。
貸倒損失：売掛金などの売上債権が回収不能となった金額。
減価償却費：建物や機械などの長期性の資産の取得原価を耐用年数の各会計期間に配分した金額。

問題

問　次の項目のうち，資産に属するものにはA，負債に属するものにはL，純資産（資本）に属するものにはN，収益に属するものにはR，費用に属するものにはEを（　）の中に記入しなさい。

1. 現　　金（　　）　2. 売　掛　金（　　）　3. 買　掛　金（　　）
4. 借　入　金（　　）　5. 受取利息（　　）　6. 給　　料（　　）
7. 通　信　費（　　）　8. 土　　地（　　）　9. 資　本　金（　　）
10. 備　　品（　　）　11. 支払家賃（　　）　12. 建　　物（　　）
13. 商　　品（　　）　14. 貸　付　金（　　）　15. 交　通　費（　　）
16. 消耗品費（　　）

④　簿記上の取引

複式簿記は，取引と呼ばれる企業の経済活動を計算対象としている。すなわち，複式簿記が対象とする取引は，簿記上の取引と呼ばれる。ここで注意しなければならないのは，われわれが日常生活で使用している取引と簿記上の取引とは同一ではないということである。われわれが日常使う取引にはいろいろな

取引がある。例えば，相談の結果，双方の利益になるように取り決めるようなことを取引という場合があるが，このような取引は簿記上の取引ではない。また，企業活動に限ってみても，事業を始めるにあたって建物を借りる契約を結ぶことは，普通の意味で取引であるが，簿記上の取引とはならない。逆に，火災によって店舗が焼けてしまった損害は，ふつうの意味では取引ではないが，簿記上の取引になる。

では，簿記上の取引とふつうの取引の違いは何によるのであろうか。簿記上の取引は，企業の資産・負債・純資産（資本）に増減をもたらす活動を指している。その意味で，上に述べた建物を借りる契約のみでは，企業の資産・負債・純資産（資本）のどれも増減しないことから簿記上の取引とはならない。この場合は，例えば建物を借りる賃借料を現金で支払ったとすれば，資産が減少し簿記上の取引となる。また，店舗が焼失してしまった場合も資産が減少するので簿記上の取引となる。

| 問 題 |

問　次の項目のうち，簿記上の取引になるものには〇印を，簿記上の取引ではないものには×印をつけなさい。

1. 商品を現金で仕入れた。　　　　　　　　　　　　　　（　　）
2. 商品の注文を受けた。　　　　　　　　　　　　　　　（　　）
3. 商品の売買契約を結んだ。　　　　　　　　　　　　　（　　）
4. 店の商品を盗まれた。　　　　　　　　　　　　　　　（　　）
5. 従業員を雇い入れた。　　　　　　　　　　　　　　　（　　）
6. 給料を現金で支払った。　　　　　　　　　　　　　　（　　）
7. 銀行から現金を借り入れた。　　　　　　　　　　　　（　　）
8. 店の現金が盗難にあった。　　　　　　　　　　　　　（　　）
9. トラックを買い入れた。ただし，代金は未払いである。（　　）
10. 土地を借りる契約をした。　　　　　　　　　　　　（　　）
11. 店舗と商品が火災にあった。　　　　　　　　　　　（　　）
12. 倉庫が焼けた。　　　　　　　　　　　　　　　　　（　　）

⑤ 取引要素の結合関係

簿記上の取引は，資産，負債，純資産（資本）に増減をもたらす企業の経済活動であるが，この取引は，交換取引，損益取引，混合取引に分けられ，資産，負債，純資産（資本），収益，費用の一定の組み合わせから構成される。

a．交換取引

交換取引とは，資産，負債，純資産（資本）が互いに増減する取引で，損益の発生を伴わない取引をいう。

・「資産の増加」する場合の組み合わせ

　　　　　資産の増加――――――――――資産の減少

「資産の増加」は，常に左側に記入される。反対に「資産の減少」は常に右側に記入される。

　　　　　資産の増加――――――――――負債の増加

「負債の増加」は「資産の減少」と同様に常に右側に記入される。

　　　　　資産の増加――――――――――純資産（資本）の増加

「純資産（資本）の増加」も「資産の減少」「負債の増加」と同様に常に右側に記入される。

以上のように，資産が増加する場合の取引要素の組み合わせは，以下のようになる。

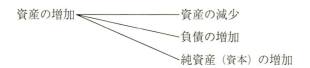

・「資産の減少」する場合の組み合わせ

　　　　　資産の増加――――――――――資産の減少

前述したように「資産の増加」は左側に,「資産の減少」は右側に記入される。

　　　負債の減少────────資産の減少

前述したように「負債の増加」が右側に記入されるのに対して,「負債の減少」は常に左側に記入される。

　　　純資産（資本）の減少────────資産の減少

上述したように「純資産（資本）の増加」が右側に記入されるのに対して,「純資産（資本）の減少」は常に左側に記入される。

以上のように,資産が減少する場合の取引要素の組み合わせは以下のようになる。

b．損益取引

損益取引とは,1つの取引の全額が費用の発生または収益の発生となる取引をいう。

・「費用の発生」と「資産の減少」の組み合わせ

　　　費用の発生────────資産の減少

「費用の発生」は「資産の減少」と組み合わせられるので,常に左側に記入される。

・「資産の増加」と「収益の発生」の組み合わせ

　　　資産の増加────────収益の発生

「収益の発生」は「資産の増加」と組み合わせられるので,常に右側に

記入される。

c．混合取引

混合取引とは，交換取引と損益取引が1つの取引の中にある取引をいう。

・「資産の増加」と「資産の減少」・「収益の発生」の組み合わせ

前述したように「資産の増加」は左側に，「資産の減少」と「収益の発生」は右側に記入される。

・「負債の減少」・「費用の発生」と「資産の減少」の組み合わせ

前述したように「負債の減少」と「費用の発生」は左側に，「資産の減少」は右側に記入される。

・「資産の増加」・「費用の発生」と「負債の増加」の組み合わせ

前述したように「資産の増加」と「費用の発生」は左側に，「負債の増加」は右側に記入される。

以上のような取引要素の組み合わせを取引要素の結合関係という。

図表 1−2 取引要素の結合関係

注：点線はあまり生じない取引要素の組み
合わせを表わす。

問題

問1　次の取引は，aからgのどの取引要素の結合関係になるか，記号で答えなさい。

1．営業用の金庫を購入し，代金は現金で支払った。　（　　　）
2．商品を掛で仕入れた。　（　　　）
3．手数料を現金で受け取った。　（　　　）
4．借入金を現金で返済した。　（　　　）
5．電気料を現金で支払った。　（　　　）
6．店主が私用のため店の商品を持ち帰った。　（　　　）
7．店主が現金を追加元入れした。　（　　　）

a．資産の増加──────収益の発生
b．費用の発生──────資産の減少
c．資産の増加──────負債の増加
d．負債の減少──────資産の減少
e．資産の増加──────資産の減少
f．資産の増加──────純資産（資本）の増加
g．純資産（資本）の減少──────資産の減少

問2　次の取引について，取引要素の結合関係を答えなさい。
　　　1．売掛金を現金で受け取った。　　　　　（　　　　　　　）
　　　2．借入金を現金で返済した。　　　　　　（　　　　　　　）
　　　3．現金を追加元入れした。　　　　　　　（　　　　　　　）
　　　4．荷物の運送をして運賃を現金で受け取った。（　　　　　　　）
　　　5．家賃を現金で支払った。　　　　　　　（　　　　　　　）
　　　6．銀行から現金を借り入れ，受け取った。　（　　　　　　　）

問3　次の取引はaからdのどの取引要素の結合関係になるか記号で答えなさい。
　　　1．貸付金￥100,000と利息￥3,000をあわせて現金で受け取った。（　　　）
　　　2．借入金￥100,000とその利息￥3,000を現金で支払った。　（　　　）
　　　3．建物￥12,000,000を買い入れ，代金のうち￥10,000,000を現金で支払い，残額は翌月払いとした。　　　　　　　　　　　　　　（　　　）
　　　4．現金￥800,000を借り入れ，利息￥24,000を差し引かれ，手取金は現金で受け取った。　　　　　　　　　　　　　　　　　　　（　　　）

　　　a．資産の増加─────資産の減少
　　　　　　　　　　　　　　負債の増加

　　　b．負債の減少─────資産の減少
　　　　　費用の発生─┘

　　　c．資産の増加─────資産の減少
　　　　　　　　　　　　　　収益の発生

　　　d．資産の増加─────負債の増加
　　　　　費用の発生─┘

問4　次の取引について，取引要素の結合関係を答えなさい。
　　　1．商品￥100,000を仕入れ，代金のうち￥70,000は現金で支払い，残額は掛とした。　　　　　　　　　　　　　　　（　　　　　　　）
　　　2．現金￥1,000,000，備品￥250,000を元入れして営業を始めた。
　　　　　　　　　　　　　　　　　　　　　　　（　　　　　　　）

3．借入金¥800,000 とその利息¥24,000 を現金で支払った。
（　　　　　　　　　　　　　　　）
4．原価¥120,000 の商品を¥150,000 で売り渡し，代金のうち半額は現金で受け取り，残額は掛とした。（　　　　　　　　　　　　　　　）
5．従業員に本月分の給料¥200,000 を現金で支払った。
（　　　　　　　　　　　　　　　）
6．買掛金¥80,000 を現金で支払った。（　　　　　　　　　　　　　　　）

（4）勘定とその記入方法

前述したように，複式簿記が対象とする簿記上の取引は，資産，負債，純資産（資本）のいずれかが増減し，あるいは純資産（資本）を増加させる収益または純資産（資本）を減少させる費用が発生する。この資産の増加・減少，負債の増加・減少，純資産（資本）の増加・減少，収益の発生，費用の発生は，取引要素と呼ばれ，前節で学習したように，一定の取引要素の結合関係によって記録される。

この資産，負債，純資産（資本），収益，費用は勘定と呼ばれ，複式簿記の記録・計算の単位となっている。勘定を記録する形式は，次図に示すように借方（左側）と貸方（右側）の 2 つに区分される。

図表 1 - 3　勘定の形式

このように，勘定の左側を借方，右側を貸方と呼ぶが，これは歴史的な慣習からもたらされたものである。借方は借り手すなわち債務者を意味し，貸方は貸し手すなわち債権者を意味していた。勘定の形式は，開いた帳簿の左側のページと右側のページを対照させた形式であり，左側のページに借り手，右側のペー

ジに貸し手を記入するようになっていた。金銭の貸借やそれに準じて説明できるような取引ばかりであれば，借方および貸方の用語に基づいて勘定記入を説明することができたが，それ以外の取引が出現するに及んでこの方法では説明することができないようになり，現在では単に借方は勘定の左側，貸方は勘定の右側という意味で使用されている。しかし，複式簿記をはじめとして会計では，左側と右側にはそれぞれ大きな意味があり，左側と呼ばずに借方，右側と呼ばずに貸方と呼ぶ。

したがって，資産の勘定，負債の勘定，純資産（資本）の勘定，収益の勘定，費用の勘定の取引の増減の記入方法を借方・貸方を使って説明すると以下のようになる。

図表 1－4　勘定の記入方法（1）

資産		負債		純資産	
借方	貸方	借方	貸方	借方	貸方
増加	減少	減少	増加	減少	増加

費用		収益	
借方	貸方	借方	貸方
発生			発生

上図において，増加・発生を「＋」，減少を「－」の符号を使って示すと，この勘定記入は加算と減算を示していることに気がつく。したがって，複式簿記は，財・貨について勘定科目ごとに「＋」「－」「＝」を使わずに，足し算と引き算を行う計算方法であるといえる。

図表 1−5　勘定の記入方法（2）

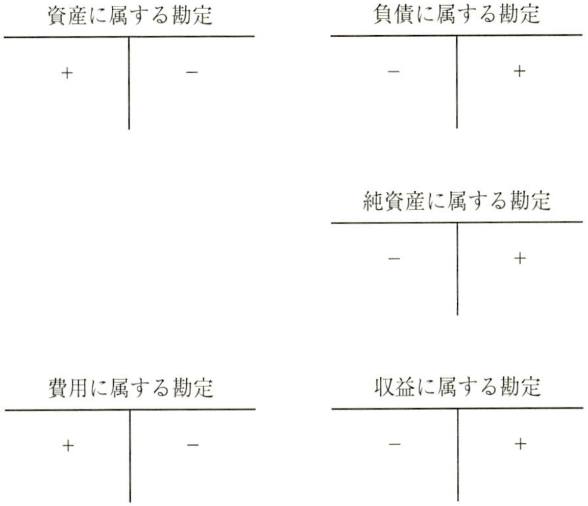

```
   資産に属する勘定              負債に属する勘定
        +  |  −                   −  |  +


                   純資産に属する勘定
                        −  |  +


   費用に属する勘定              収益に属する勘定
        +  |  −                   −  |  +
```

（5）勘定口座

前述したように，勘定は，資産の勘定，負債の勘定，純資産（資本）の勘定，収益の勘定，費用の勘定に大別され，この5つの勘定に取引を集計するために，さらに細分化された勘定科目を使う。勘定科目ごとに帳簿に設けられた記録場所を勘定口座という。

勘定口座の形式には，標準式と残高式があるが，略式のT勘定と呼ばれるT字形の勘定形式も多く使用される。現金を取り扱う勘定科目である現金勘定の勘定口座は次のようになる。

図表 1−6　標準式の勘定口座

現　　金

（標準式）

平成年	摘　要	仕丁	借　方	平成年	摘　要	仕丁	貸　方

図表 1-7　残高式の勘定口座

現　　金

（残高式）

平成年	摘　要	仕丁	借方	貸方	借または貸	残　高

図表 1-8　T勘定

（6）仕訳と転記
① 仕　訳

　前述したように，複式簿記では，資産・負債・純資産（資本）の増減，収益・費用の発生の状況を明らかにするために，取引を勘定に分解して，勘定科目ごとに勘定口座に記入する。その際に，取引を勘定口座に直接記入せずに，仕訳という作業を行う。仕訳は，取引ごとに，借方に記入すべき勘定科目・金額と貸方に記入すべき勘定科目・金額を決定する作業である。

　例えば，営業用のパソコンを¥150,000で購入したとする。この取引は，備品という資産の増加¥150,000と現金という資産の減少¥150,000という取引要素の結合関係にあてはめられる。その際に，直接的に，備品勘定の借方に¥150,000，現金勘定の貸方に¥150,000を記入せずに，次のような仕訳と呼ばれる形式でまず記録する。仕訳は，勘定口座への記入上の間違いや記帳もれを防ぐ意味があるが，仕訳ができない取引は会計データにはならない。

（借方）備　　品　150,000　　（貸方）現　　金　150,000

② 仕訳帳と総勘定元帳

　取引の仕訳は仕訳帳に記入される。仕訳帳は，勘定口座に取引を記入するための準備記録であるとともに，取引を日付順，発生順に記入する帳簿である。したがって，営業活動の歴史的記録という側面を持っており，会計データを検証するときの重要な資料である。

　総勘定元帳は，すべての勘定口座を集めた帳簿であり，仕訳帳の記録を転記することによって作成される。総勘定元帳は，略して，元帳とも呼ばれる。

　仕訳帳と総勘定元帳の記帳の関係を示すと以下のとおりである。

　　　　取引 → 仕訳 → 仕訳帳 → 転記 → 総勘定元帳

　仕訳帳と総勘定元帳は，あらゆる取引をもれなく記入する重要な帳簿であるから，主要簿といわれる。

③ 転　記

　仕訳は，取引を勘定口座に記入するための準備である。取引の勘定口座への記入は，仕訳を書き移すことによって行う。これを転記という。

　ここでは総勘定元帳の勘定口座がT勘定の場合を想定した転記の方法を示す。

・仕訳の借方をその勘定口座の借方に記入する。
・仕訳の貸方をその勘定口座の貸方に記入する。

　この場合，金額の転記とともに，日付と仕訳の相手勘定科目を同時に記入する。仕訳の相手勘定科目が2つ以上あるときには，相手勘定科目を記入する代わりに諸口と記入する。

仕訳と転記の例：

5月15日　鳴海商店からパソコン¥150,000を仕入れ，代金は現金で支払った。

仕　訳

	借　　　方	貸　　　方
5/15	備　　品　　150,000	現　　金　　150,000

転　記

④　貸借平均の原則

　複式簿記は，前述したように，取引要素の結合関係に基づき，資産，負債，純資産（資本），収益，費用に関するすべての勘定を借方と貸方に記入する。したがって，どのような仕訳でもその借方金額と貸方金額とは一致する。また，その仕訳をそれぞれの勘定口座の借方と貸方とに転記するので，すべての勘定口座の借方金額の合計額と貸方金額の合計額は一致する。これを貸借平均の原則と呼んでいる。

　すなわち，

　　　　ある勘定の借方金額＝他の勘定の貸方金額
　　　　　全勘定の借方合計＝全勘定の貸方合計

となる。

問題

問　次の取引を仕訳し，略式の現金勘定口座に転記しなさい。転記は，日付・相手勘定科目・金額を記入しなさい。

5/16　現金￥300,000を銀行から借り入れた。
　20　事務用パソコン1台を購入し，代金￥100,000を現金で支払った。

解答欄

	借　　方	貸　　方
5/16		
20		

現　金

第2章
取引の仕訳（その1）

1．商品売買取引の仕訳（その1）

(1) 商品勘定と分記法

　複式簿記の計算構造で述べたように，商品売買を営む企業は，仕入先から商品を買い入れ，これを得意先に販売して利益をあげる。この商品の売買活動とそれによる利益の計算を記録する方法の一つに分記法がある。
　分記法は，商品という財の流れについては資産の勘定である商品勘定を使用し，商品を販売するつど利益または損失を計算する方法である。商品の仕入れも販売も商品勘定で処理される。商品勘定は資産の勘定である。

(2) 商品を仕入れた場合

　商品を仕入れた場合は，取引要素の結合関係にしたがい，借方に商品と仕入原価で仕訳される。

(3) 商品を販売した場合

　商品を販売した場合は，取引要素の結合関係にしたがい，貸方に商品と仕入原価で仕訳される。同時に，販売価格と仕入原価の差額を商品売買益勘定または商品売買損勘定で処理する。

> 例題　次の取引を仕訳しなさい。
> 　1．片山商店から商品￥230,000を仕入れ，代金は現金で支払った。
> 　2．川口商店に上記商品を￥300,000で売り渡し，代金は現金で受け取った。

《答》　1．商品を仕入れた場合

　　　　（借方）商　　　品　230,000　　（貸方）現　　　金　230,000

　　　　商品を仕入れた場合は，商品という資産が増加したので，（借方）商品230,000となり，同時に現金を支払ったので，（貸方）現金230,000となる。

　　　2．商品を販売した場合

　　　　（借方）現　　　金　300,000　　（貸方）商　　　品　230,000
　　　　　　　　　　　　　　　　　　　　　　　　商品売買益　 70,000

　　　　商品を販売した場合は，商品という資産が減少するので，（貸方）商品230,000となり，代金を他人振出小切手で受け取ったので，（借方）現金300,000となる。同時に売上高￥300,000と仕入原価￥230,000の差額が（貸方）商品売買益70,000となる。

問題

　問　次の取引を分記法により仕訳しなさい。
　　1．麻生商店から商品￥200,000を仕入れ，代金は現金で支払った。
　　2．谷口商会へ上記商品を￥230,000で売り渡し，代金は現金で受け取った。

2．現金・預金取引の仕訳（その1）

(1) 現金勘定

　現金の取引は，現金勘定で処理される。企業にとって，現金の収入は資産の増加であり，現金の支出は資産の減少である。複式簿記では，取引要素の結合関係に従って，現金の収入は借方に仕訳され，現金の支出は貸方に仕訳される。現金勘定は資産の勘定である。

　現金というとお金つまり紙幣と硬貨を思い浮かべるが，簿記上の現金にはこ

れら通貨のほかに，容易に現金にすることができるという意味で通貨代用証券と呼ばれるものが含まれる。通貨代用証券には，他人振出小切手，送金小切手，支払期日の到来した公社債の利札，配当金領収書などがある。

例題 次の取引を仕訳しなさい。
1．佐野商店に対する掛代金 ¥800,000 を現金で受け取った。
2．三好商会に対する掛代金 ¥120,000 を三好商会振出の小切手で受け取った。
3．秋山商店に対する掛代金 ¥160,000 を送金小切手で受け取った。

《答》 1．通貨の場合
　　　　（借方）現　　　　金　　800,000　　（貸方）売　掛　金　　800,000
　　　　売掛金の回収であるから，売掛金（P.15，P.36 参照）という資産が減少し，（貸方）売掛金 800,000 である。同時に現金という資産が増加したために，（借方）現金 800,000 となる。
　　　2．他人振出小切手の場合
　　　　（借方）現　　　　金　　120,000　　（貸方）売　掛　金　　120,000
　　　　例題1と同様に売掛金の回収であるから，資産の減少となり，（貸方）売掛金 120,000 である。回収方法は現金ではないが，他人振出小切手は現金勘定で処理するので，（借方）現金 120,000 となる。
　　　3．送金小切手の場合
　　　　（借方）現　　　　金　　160,000　　（貸方）売　掛　金　　160,000
　　　　例題1，2と同様に売掛金の回収であるから，資産の減少となり，（貸方）売掛金 160,000 である。回収方法は例題2と同様に現金ではないが，送金小切手も現金勘定で処理されるので，（借方）現金 160,000 となる。

（2）当座預金勘定

　企業が利用する銀行預金の1つに当座預金がある。企業は銀行との間に当座取引契約を結ぶことによって当座預金口座を開くことができ，多額の現金を持ち歩くことのリスクから解放される。当座預金の取引は，当座預金勘定で処理

される。当座預金勘定は資産の勘定である。

当座預金は，いつでも払い戻すことのできる無利息の預金であり，払い戻しの請求には必ず小切手が用いられる。企業が小切手を振り出したときは，当座預金の減少となる。

例題 次の取引を仕訳しなさい。
1．当座取引契約を結び，現金¥500,000を当座預金口座に預け入れた。
2．東郷商店から掛代金¥300,000を同店振り出しの小切手で受け取った。
3．内田商店から掛代金¥250,000を同店振り出しの小切手で受け取り，ただちに当座預金口座に預け入れた。
4．小杉商店から商品¥230,000を仕入れ，代金は小切手を振り出して支払った。
5．中野商店から掛代金¥68,000を以前に当店が振り出した小切手で受け取った。

《答》 1．当座預金口座に現金を預け入れた場合

(借方) 当 座 預 金　500,000　　(貸方) 現　　　金　500,000

現金を預け入れたのであるから，現金という資産が減少し，(貸方) 現金500,000である。同時に当座預金という資産が増加したために，(借方) 当座預金500,000となる。

2．他人振出小切手を受け取った場合

(借方) 現　　　金　300,000　　(貸方) 売　掛　金　300,000

東郷商店に対する売掛金 (P.15, P.36参照) の回収であるから，売掛金という資産の減少となり，(貸方) 売掛金300,000である。回収方法は現金ではないが，東郷商店が振り出した小切手で受け取ったので他人振出小切手となり現金勘定を用いる。現金という資産が増加したので，(借方) 現金300,000となる。

3．他人振出小切手をただちに当座預金口座に預け入れた場合

(借方) 当 座 預 金　250,000　　(貸方) 売　掛　金　250,000

内田商店に対する売掛金の回収であるから，売掛金という資産の減少となり，(貸方) 売掛金250,000である。回収方法は，内田商店が振り出した小切

手で受け取ったので他人振出小切手であるが，ただちに当座預金口座に預け入れたので，当座預金という資産が増加したことになり，(借方)当座預金250,000となる。

4．商品の仕入代金を小切手で支払った場合

（借方）商　　　品　　230,000　　（貸方）当 座 預 金　　230,000

商品を仕入れたのであるから，商品という資産の増加となり，(借方)商品230,000である。代金は小切手を振り出して支払ったのであるから，当座預金という資産の減少となり，(貸方)当座預金230,000となる。

5．自己振出の小切手を受け取った場合

（借方）当 座 預 金　　68,000　　（貸方）売 　掛 　金　　68,000

中野商店に対する売掛金の回収であるから，売掛金という資産の減少となり，(貸方)売掛金68,000である。他人振出の小切手を受け取った場合は現金勘定で処理するが，かつて自分が振り出した自己振出の小切手が手もとに戻ってきた場合は，当座預金という資産の増加として処理し，(借方)当座預金68,000となる。

問題

問　次の取引を仕訳しなさい。

1．銀行と当座取引契約を結び，現金￥1,000,000を預け入れた。
2．瑞浪商店への掛代金￥100,000を小切手を振り出して支払った。
3．飯田商会に対する掛代金￥120,000を飯田商会振り出しの小切手で受け取った。
4．田中商店に対する掛代金￥150,000を当店が以前振り出した小切手で受け取った。
5．足立商店に対する掛代金￥140,000を足立商店振り出しの小切手で受け取り，ただちに当座預金口座に預け入れた。

3．債権・債務の仕訳（その1）

(1) 売掛金勘定・買掛金勘定

　債権または債務が生じる取引を信用取引という。信用取引には掛取引，手形取引，金融取引などがある。

　このうち，掛取引は商品の支払代金や売上代金を後日に延ばす取引であり，掛には売掛金と買掛金がある。このうち，売掛金は，代金を後日受け取る約束で商品を販売した場合の代金を受け取る権利をいう。また，買掛金は，代金を後日支払う約束で商品を仕入れた場合の代金を支払う義務をいう。売掛金勘定は資産の勘定であり，買掛金勘定は負債の勘定である。

例題　次の取引を仕訳しなさい。
1．田口商店から代金後払いの約束で商品￥200,000を仕入れた。
2．秋山商店に代金後日受け取りの約束で例題1の商品を￥250,000で販売した。
3．秋山商店から例題2の代金を小切手で受け取り，ただちに当座預金に預け入れた。
4．田口商店へ例題1の代金を小切手を振り出して支払った。

《答》　1．買掛金が発生した場合
　　　　　（借方）商　　　品　　200,000　　（貸方）買　掛　金　　200,000
　　　　　　商品を仕入れた場合は，商品という資産が増加したので，（借方）商品200,000となり，代金の支払いについては掛となり買掛金という負債が増加したので，（貸方）買掛金200,000である。
　　　2．売掛金が発生した場合
　　　　　（借方）売　掛　金　　250,000　　（貸方）商　　　品　　200,000
　　　　　　　　　　　　　　　　　　　　　　　　　　商品売買益　　 50,000
　　　　　　商品を販売した場合は，商品という資産が減少するので，（貸方）商品200,000となり，代金の受け取りについては掛となり売掛金という資産が増加

したので，(借方)売掛金 250,000 となる。同時に売上高¥250,000 と仕入原価¥200,000 の差額が(貸方)商品売買益 50,000 となる。

3．売掛金を回収した場合

　　(借方)当 座 預 金　250,000　　　(貸方)売　掛　金　250,000

　　売掛金を回収した場合は，売掛金という資産が減少し，(貸方)売掛金 250,000 となる。代金は小切手で受け取り，ただちに当座預金に預け入れたので，当座預金という資産が増加し(借方)当座預金 250,000 となる。

4．買掛金を支払った場合

　　(借方)買　掛　金　200,000　　　(貸方)当 座 預 金　200,000

　　買掛金を支払った場合は，買掛金という負債が減少し，(貸方)買掛金 200,000 となり，小切手を振り出して支払ったので，(貸方)当座預金 200,000 となる。

問　題

問　次の取引を仕訳しなさい。ただし商品売買は分記法を用いなさい。
　1．浅田商店から商品¥80,000 を仕入れ，代金は掛とした。
　2．山本商店から売掛金¥160,000 を現金で受け取った。
　3．浅田商店へ買掛金¥80,000 を小切手で支払った。

(2) 貸倒損失勘定

　売掛金などの債権は必ずしもすべてが回収できるわけではない。例えば，売掛金の相手である得意先が倒産すれば，その得意先に対する売掛金は回収することができなくなることがある。このように売掛金などの債権を回収できなくなることを貸倒れという。

　売掛金が貸倒れになった場合は，売掛金も減少することになるので，貸方に売掛金と仕訳する。同時に，この減少した売掛代金は，借方に貸倒損失と仕訳される。貸倒損失勘定は費用の勘定である。

> 例題　次の取引を仕訳しなさい。
> 1．得意先の山中商会の売掛金¥60,000を現金で回収した。
> 2．得意先の中野商店が倒産したため，同店に対する売掛金¥80,000が回収できなくなった。

《答》 1．売掛金を回収した場合

(借方) 現　　　金　60,000　　　(貸方) 売　掛　金　60,000

売掛金を回収した場合は，売掛金という資産が減少し，(貸方) 売掛金60,000となる。代金は現金で回収したので，現金という資産が増加し (借方) 現金60,000となる。

2．貸倒れが発生した場合

(借方) 貸 倒 損 失　80,000　　(貸方) 売　掛　金　80,000

貸倒れが発生した場合は，売掛金を回収した場合と同様に，売掛金という資産が減少し，(貸方) 売掛金80,000となる。代金を回収したのではなく貸倒れが発生したので，(借方) 貸倒損失80,000となる。

問題

問　次の取引を仕訳しなさい。
1．中島商会が倒産し，売掛金¥500,000が回収不能となった。
2．吉浜商店が倒産したため，同店に対する売掛金¥300,000が貸倒れとなった。

4．株式・債券取引の仕訳（その1）

(1) 有価証券勘定

企業は，営業資金に余裕が生まれたときに，市場性のある株式や公債・社債等の債券などを買い入れておき，資金の必要なときにこれを売却して資金にあてることがある。株式は，株式会社が資金調達のために発行する有価証券である。社債は，会社が資金調達のために発行する債券である。公債は，国債と地方債の総称で，国あるいは地方自治体が資金調達のために発行する債券である。

有価証券の取引は，有価証券勘定で処理される。

　有価証券は，一定の財産上の権利を表示した紙片であるが，資本証券，貨幣証券，貨物代表証券（商品証券）の3種類がある。資本証券は，株式や債券のように出資者や債権者が権利を示す有価証券である。貨幣証券は，小切手や手形などのように一定額の金銭を示す有価証券である。貨物代表証券は，貨物引換証や船荷証券のように一定の貨物を示す有価証券である。

（2）有価証券の取得

　一時所有の株式や公債・社債を購入した場合は，取引要素の結合関係にしたがい，借方に有価証券と仕訳される。有価証券勘定は資産の勘定である。

> 例題　次の取引を仕訳しなさい。
> 1．赤羽製紙の株式100株を1株につき¥500で購入し，買入手数料¥2,700とともに現金で支払った。
> 2．高山物産の社債（額面¥1,000,000）を額面¥100につき¥97で購入し，代金は小切手を振り出して支払った。
> 3．公債証書額面¥200,000を@¥98で買い入れ，小切手を振り出して支払った。

《答》　1．株式を購入した場合

　　　　（借方）有　価　証　券　　52,700　　　（貸方）現　　　金　　52,700

　　　　株式を購入した場合は，1株の買入価格に買入株式数を掛けて計算した買入価格に買入手数料などの付随費用を加えて取得原価とする。この例題の場合は，取得原価は¥500×100株＋¥2,700＝¥52,700であり，有価証券という資産が増加したので，（借方）有価証券52,700となる。同時に現金という資産が減少したので，（貸方）現金52,700となる。

　　　2．社債を購入した場合

　　　　（借方）有　価　証　券　　970,000　　　（貸方）当　座　預　金　970,000

　　　　社債を購入した場合は，額面金額に買入単価／¥100を掛けて買入価格を計算する。社債を償還まで保有する場合は買入手数料は特にかからない。買

入価格は¥1,000,000×¥97／¥100＝¥970,000 である。この例では，有価証券という資産が増加したので，（借方）有価証券 970,000 となり，同時に小切手を振り出したので当座預金という資産が減少し，（貸方）当座預金 970,000 となる。

3．公債を購入した場合

（借方）有 価 証 券　　196,000　　　（貸方）当 座 預 金　　196,000

公債・社債について＠¥98 というのは，額面¥100 について¥98 ということである。したがって，例題 2 と同様に買入価格は¥200,000×¥98／¥100＝¥196,000 である。この例題では，有価証券という資産が増加したので，（借方）有価証券 196,000 となり，同時に小切手を振り出したので当座預金という資産が減少し，（貸方）当座預金 196,000 となる。

（3）有価証券の売却

　一時所有の株式や公債・社債を売却した場合は，取引要素の結合関係にしたがい，貸方に有価証券と仕訳される。また，一時所有の株式や公債・社債を売却した場合には，帳簿価額と売却価額との間に差額が生じるのがふつうである。この差額は収益の勘定である有価証券売却益勘定か費用の勘定である有価証券売却損勘定で処理する。

例題　次の取引を仕訳しなさい。

1．石浜商事の株式 20 株（1 株の額面¥50,000）を 1 株¥65,000 で買い入れ，代金は買入手数料¥27,000 とともに小切手を振り出して支払った。
2．上記の株式のうち 10 株を 1 株¥70,000 で売却し，代金は小切手で受け取り，当座預金に預け入れた。
3．額面¥1,000,000 の国債を＠¥98 で買い入れ，代金は小切手を振り出して支払った。
4．上記の国債のうち額面¥800,000 を＠¥96 で売却し，代金は小切手で受け取り，当座預金に預け入れた。

《答》1．株式を購入した場合

(借方) 有 価 証 券　　1,327,000　　(貸方) 当 座 預 金　　1,327,000

一時所有の目的で有価証券を買い入れたときは，買入価格に手数料を加えた額を取得原価とする。したがって，取得原価は，￥65,000×20株＋￥27,000＝￥1,327,000となる。この例では，有価証券という資産が増加したので，(借方) 有価証券1,327,000となり，同時に小切手を振り出したので当座預金という資産が減少し，(貸方) 当座預金1,327,000となる。

2．株式を売却した場合

(借方) 当 座 預 金　　700,000　　(貸方) 有 価 証 券　　663,500
　　　　　　　　　　　　　　　　　　　　　有価証券売却益　　 36,500

例題1の有価証券を10株売却したのであるから，￥1,327,000の2分の1を売却したことになる。したがって，有価証券という資産が減少したので，(貸方) 有価証券663,500となる。同時に，当座預金という資産が増加している。売却価額は，￥70,000×10株＝￥700,000であるので，(借方) 当座預金700,0000となる。また，￥700,000と￥663,500の差額￥36,500は有価証券売却益という収益の発生となる。

3．国債を購入した場合

(借方) 有 価 証 券　　980,000　　(貸方) 当 座 預 金　　980,000

国債を購入した場合は，社債を購入した場合と同様に額面金額に買入単価￥100を掛けて買入価格を計算する。国債は購入時の手数料はかからない。買入価格は￥1,000,000×￥98／￥100＝￥980,000である。この例題では，有価証券という資産が増加したので，(借方) 有価証券980,000となる。同時に，小切手を振り出したので当座預金という資産が減少し，(貸方) 当座預金980,000となる。

4．国債を売却した場合

(借方) 当 座 預 金　　768,000　　(貸方) 有 価 証 券　　784,000
　　　　有価証券売却損　　16,000

例題3の国債の8割を売却したのであるから，￥980,000×0.8＝￥784,000を売却したことになる。したがって，有価証券という資産が減少したので，(貸方) 有価証券784,000となる。同時に，当座預金という資産が増加している。売却価額は，￥800,000×￥96／￥100＝￥768,000であるので，(借方)

当座預金768,000である。また，¥768,000と¥784,000の差額¥16,000は，有価証券売却損という費用の発生となる。

> **問　題**
>
> 問　次の取引を仕訳しなさい。
> 1．吉村商事株式会社の株式2,000株を＠¥630で買い入れ，代金は小切手を振り出して支払った。
> 2．上記の株式のうち1,000株を＠¥650で売却し，代金は小切手で受け取り当座預金とした。
> 3．手持ちの公債証書額面¥300,000（帳簿価額　額面¥100につき¥98）を額面¥100につき¥99で売却し，代金は小切手で受け取った。

5．資本金勘定

（1）個人企業主の出資

　個人企業の純資産（資本）の取引は資本金勘定で処理される。実務においては資本金勘定の他に元入金勘定も使用される。個人企業の場合，開業にあたり店主すなわち企業主は，企業に現金や他の資産を提供するが，このことを元入れという。また，開業後，企業主が追加で現金やその他の資産を企業に提供することを追加元入れという。

> **例題**　次の取引を仕訳しなさい。
> 1．店主が現金¥1,000,000と建物¥20,000,000を元入れして開業した。
> 2．企業主が事業拡張のため現金¥500,000を追加出資した。

《答》1．元入れの場合

（借方）現　　　　金　 1,000,000　　（貸方）資　本　金　21,000,000
　　　　建　　　　物　20,000,000

　　　元入れは，店主が事業を始めるために資金を提供する取引であり，純資産（資本）の増加となるので，（貸方）資本金21,000,000となる。同時に，現金お

よび建物という資産が増加したので，(借方) 現金 1,000,000, 建物 20,000,000 となる。

　2．追加元入れの場合

　　　(借方) 現　　　金　　500,000　　　(貸方) 資　本　金　　500,000

　　　開業後に事業拡張などのために店主が追加で資金を提供する場合も，純資産 (資本) の増加となるので，(貸方) 資本金 500,000 となる。同時に，現金という資産が増加したので，(借方) 現金 500,000 となる。

(2) 個人企業主の私消

個人企業の場合，店主すなわち企業主が事業用の現金や商品などを私用のために使うことがある。このような場合には，資本金の減少として処理する。また，資本金勘定の他に，引出金勘定も用いられる。

例題　次の取引を仕訳しなさい。

　　店主が，私用のため，現金¥30,000 を引出した。

《答》　(借方) 資　本　金　　30,000　　(貸方) 現　　　金　　30,000

　　　企業主が，私用に現金や他の資産を使用する場合は，純資産 (資本) の減少となるので，(借方) 資本金 30,000 となる。同時に，現金という資産が減少したので (貸方) 現金 30,000 となる。

問　題

　問　次の取引を仕訳しなさい。

　　1．事業主が土地¥1,000,000 と備品¥500,000 を追加出資した。
　　2．店主が自分の家庭の光熱費¥30,000 を現金で支払った。

第3章
決　算

1．決算の手続き

　すべての事業は，毎年一定の時期に帳簿を締め切って，財務諸表を作成する。
　決算とは，元帳の勘定記録を一定期間ごとに整理して，財務諸表を作成し，事業の業績を事業の関係者に報告する手続である。決算の日の翌日から次の決算日までの1期間を会計期間という。会計期間は個人企業ではふつう1月1日から12月31日までの1年である。ここでは，個人企業を例に決算について学習する。
　決算は，次の3つの手続と順序で行われる。
（1）　決算の予備手続：試算表を作成して元帳の勘定記録が正しいかどうかを確かめ，商品などの棚卸商品の棚卸を行い，棚卸表を作成して総勘定元帳の記録を修正し，正しい損益計算の基礎とする。総勘定元帳を除く仕訳帳その他の帳簿の締切りも，決算の予備手続に属する。
（2）　決算の本手続：費用，収益の各勘定を集計し，純利益または純損失を算定して締め切り，資産，負債および資本の各勘定の締切りを行う。これを元帳決算ともいう。
（3）　決算の報告：決算報告書である財務諸表を作成する。

2．元帳決算の方法

(1) 元帳決算の手順
元帳決算は，次の手順で行われる。
① 元帳に損益勘定の口座を設け，ここに費用および収益に属するすべての勘定の残高を集める。
② 損益勘定で，収益の総額と費用の総額を比較して，純利益または純損失を算定する。
③ 純利益または純損失を資本金勘定に書き移す。
④ 資産，負債および純資産（資本）の勘定の残高を計算し，各勘定を締め切る。

(2) 費用，収益の各勘定の処理
純利益または純損失を算定するため，費用に属する各勘定の残高と収益に属する各勘定の残高を，損益勘定に振り替える。振替とはある勘定から他の勘定に金額を書き移すことをいう。

費用に属する勘定を損益勘定に振り替えるには，例えば，旅費¥5,000の場合，残高が借方にあるので，（貸方）旅費 5,000 とし，同時に（借方）損益 5,000 と仕訳する。このような仕訳を振替仕訳という。一般に決算のときに行われる仕訳を決算仕訳というが，決算のための振替仕訳は決算仕訳の1つである。

（借方）損　　益　　5,000　　（貸方）旅　　費　　5,000

旅　費			損　益
現　金　5,000	損　益　5,000	→ 旅　費　5,000	

収益に属する勘定を損益勘定に振り替える方法は，貸借が逆になるだけで，前述と同じ手続による。例えば，受取利息¥8,500の場合，残高は貸方にあるので，(借方) 受取利息 8,500 とし，(貸方) 損益 8,500 と仕訳する。

　　　　(借方) 受取利息　　8,500　　　　(貸方) 損　　益　　8,500

損　　　益		受取利息	
広 告 費　1,000　受取利息　8,500 ←		損　益　8,500	
旅　　費　5,000			

　このような振替仕訳によって，すべての費用は損益勘定の借方に，すべての収益は損益勘定の貸方に集められる。そして，損益勘定において費用の総額と収益の総額とを比較し，純利益を算定する。費用が収益を超過した場合には純損失が算定される。純利益は純資産(資本)の純増加を意味するから，これを資本金勘定の貸方に振り替えて，純資産(資本)を増加させる。純損失の場合は資本の純減少を意味するから，これを資本金勘定の借方に振り替えて純資産(資本)を減少させる。例えば，純利益¥2,500の場合，損益勘定の残高は貸方にあるので，(借方) 損益 2,500 とし，(貸方) 資本金 2,500 と仕訳する。

　　　　(借方) 損　　益　　2,500　　　　(貸方) 資 本 金　　2,500

　この場合，純利益¥2,500を算定し，これを借方に記入することにより，借方合計と貸方合計は一致し，貸借平均する。そこで，損益勘定は上記のように，借方および貸方の合計を記入して締め切る。

資　本　金		損　　　益	
現　金　100,000	広 告 費　1,000	受取利息　8,500
損　益　2,500 ←	旅　　費　5,000	
└─	資 本 金　2,500	
	8,500	8,500

（3）資産，負債および純資産（資本）の各勘定の処理

損益勘定から純利益を資本金勘定に振り替えたならば，次に，資産，負債および純資産（資本）の各勘定を締め切り，残高を次期に繰り越す手続を行う。

資産に属する勘定を締め切るには，残高が借方にあるので，借方残高を貸方に次期繰越と記入し，貸借平均して締め切る。次期繰越に関する記入は，負債・純資産（資本）の勘定も含めて，ふつう赤記する。次に，決算の翌日すなわち次の会計期間の最初の日付で，次期繰越を赤記した反対側の借方に，前期繰越として，繰り越された金額を記入する。

```
               現        金
           360,000  |           175,000
                    | 12/31 次期繰越 185,000
           ─────────┼─────────
           360,000  |           360,000
                    |
1/1 前期繰越 185,000 |
```

負債および純資産（資本）に属する勘定は，残高が貸方にあるので，貸方残高を借方に次期繰越と記入し，貸借平均して締め切る。次の会計期間の最初の日付で，次期繰越を赤記した反対側の貸方に，前期繰越として，繰り越された金額を記入する。

```
          買   掛   金                          資   本   金
              85,000 |    380,000     12/31 次期繰越 1,050,000 |         1,000,000
12/31 次期繰越 295,000 |                                      | 12/31 損 益 50,000
─────────────┼──────                 ─────────────┼──────
             380,000 |    380,000                   1,050,000 |         1,050,000
                     |                                        |
                     | 1/1 前期繰越 295,000                    | 1/1 前期繰越 1,050,000
```

以上のように，仕訳帳をとおさないで，直接に元帳の各勘定に，次期繰越および前期繰越の記入を行う方法を，英米式決算法という。

英米式決算法では，仕訳帳をとおさないで，直接に各勘定ごとに決算記入を行うので，計算の誤りや記入もれなどがあった場合に，そのままではこれを見

落とすおそれがある。そのため，繰越記入が正しく行われたかどうか，すなわち貸借平均しているかどうかを確かめるために，元帳各勘定の前期繰越の金額を集計した繰越試算表を作成する。

繰 越 試 算 表
平成〇年 12 月 31 日

借 方	勘定科目	貸 方
185,000	現　　　　金	
410,000	当 座 預 金	
490,000	売　掛　金	
210,000	商　　　　品	
100,000	備　　　　品	
	買　掛　金	295,000
	借　入　金	50,000
	資　本　金	1,050,000
1,395,000		1,395,000

3．決算の報告

　元帳決算が終わったならば，元帳の記録に基づいて，財務諸表を作成して，決算の結果を報告する。

　貸借対照表は，英米式決算法の場合は資産，負債および純資産（資本）の各勘定の期末残高（次期繰越高）を集計して作成する。損益計算書は，費用，収益の各勘定あるいは損益勘定を主な資料として作成する。キャッシュ・フロー計算書は，貸借対照表と損益計算書を主な資料として作成する。貸借対照表は一定期日の財政状態を，損益計算書は一定期間の経営成績を，キャッシュ・フロー計算書は資金の状態を示すものとして重要な役割を果たす。

問題

問1 次の（　）の中にあてはまる適当な用語を入れなさい。

1. 決算とは，（　ア　）を一定期間ごとに整理して，（　イ　）および（　ウ　）を作成し，事業の経営成績および財産，純資産（資本）の状態を事業の関係者に報告する手続をいう。
2. 決算は（　エ　）・（　オ　）・（　カ　）の手続と順序で行われる。
3. 元帳決算は次の手順で行われる。
   (1) 元帳に（　キ　）の口座を設け，ここに費用および（　ク　）に属するすべての勘定の（　ケ　）を集める。
   (2) （　コ　）で，収益の総額と費用の総額を比較して，（　サ　）または（　シ　）を算定する。
   (3) （　ス　）または（　セ　）を（　ソ　）勘定に書き写す。
   (4) 資産，負債および（　タ　）の勘定の残高を計算し，各勘定を締め切る。

問2 次の各勘定の決算仕訳を示しなさい。

1. 給料勘定の残高￥75,000を損益勘定に振り替える。
2. 当期純利益￥48,000を資本金勘定に振り替える。

第4章
試算表

1. 試算表の機能

　企業は，経営成績や財政状態などを報告するために損益計算書や貸借対照表を作成するが，そのもとになるデータは複式簿記によって作成された総勘定元帳である。試算表は，複式簿記の貸借平均の原則を利用して，総勘定元帳の記録に誤りがないかを検証するものである。

　総勘定元帳のすべての勘定は仕訳帳から転記されたものであるから，複式簿記の貸借平均の原則に則って借方金額と貸方金額は必ず一致している。一致しない場合は，試算表の合計計算が間違っているか，仕訳帳から総勘定元帳への転記が間違っているか，記入漏れなどがあるかなど何らかの誤りがあることになる。この場合は，誤りの原因を調べて記録を正しいものに訂正しなければならない。

　試算表における貸借不一致の原因は，以下のような手順で発見することができる。

（1）　試算表の貸借それぞれの合計額を検算する。合計試算表については借方および貸方の合計額と仕訳帳の借方および貸方の合計額とが一致しているかを確かめる。

（2）　各勘定の合計額または残高が総勘定元帳から試算表に正しく書き写されているかを確認する。

（3）　総勘定元帳の各勘定の合計額または残高の計算が正しいか検算する。

(4) 仕訳帳から総勘定元帳への転記もれや二重転記がないかを調べる。

2．試算表の種類

試算表には，合計試算表，残高試算表，合計残高試算表がある。

(1) 合計試算表

合計試算表は，総勘定元帳のすべての勘定の借方合計額と貸方合計額を集計して作成される。仕訳帳から総勘定元帳への転記が正しく行われていれば，総勘定元帳の各勘定の借方合計の総額と貸方合計の総額は，貸借平均の原則に基づいて一致する。

(2) 残高試算表

残高試算表は，総勘定元帳のすべての勘定の残高を集計して作成される。取引要素の結合関係から，資産に属する勘定と費用に属する勘定は，増加あるいは発生すなわちプラスの場合は借方に記入されるので，借方合計額が貸方合計額よりも常に多く，残高は借方にある。これに対して，負債や純資産（資本），収益に属する勘定は，増加あるいは発生すなわちプラスの場合は貸方に記入されるので，貸方合計額が借方合計額よりも常に多く，残高は貸方にある。各勘定の借方残高の総額と貸方残高の総額も，貸借平均の原則に基づいて一致する。

(3) 合計残高試算表

合計残高試算表は，合計試算表と残高試算表を一つの表にまとめたものである。

3．試算表で発見できる誤りと発見できない誤り

　試算表には発見できる誤りと発見できない誤りがある。次の誤りは試算表によって発見することができる誤りである。
（1）　借方に転記すべきものを貸方に転記した場合。
（2）　借方または貸方の一方が転記もれになった場合。
（3）　金額の位どりを誤った場合。
（4）　貸借いずれか一方だけの金額の計算まちがいを生じた場合。
一方，次の誤りは試算表では発見できない誤りである。
（1）　仕訳帳の仕訳記入に誤りがあり，しかも貸借平均している場合。
（2）　ある取引の仕訳記入がもれている場合。
（3）　ある勘定の借方（または貸方）に転記すべきものを別の勘定の借方（または貸方）に転記した場合。
（4）　一組の仕訳で貸借を正反対に転記した場合。
（5）　借方側にある金額の転記もれまたは計算の誤りがあり，貸方側にも同様の転記もれまたは計算の誤りがある場合のように誤りが相殺される場合。

例題　次の取引を仕訳し，勘定口座に転記しなさい。また，1月31日の合計残高試算表を作成しなさい。商品売買は分記法を使用する。
　　1月　8日　現金￥1,000,000を元入れして事業を始めた。
　　　　10日　商品￥400,000を掛で仕入れた。
　　　　15日　銀行から現金￥500,000を借り入れた。
　　　　20日　商品￥300,000を販売し，代金￥350,000は掛とした。
　　　　22日　買掛金の一部￥300,000を現金で支払った。
　　　　25日　給料￥200,000を現金で支払った。
　　　　28日　売掛金の一部￥250,000を現金で受け取った。

《答》 1. 仕 訳

1月 8日	(借方)	現　　　金	1,000,000	(貸方)	資　本　金	1,000,000
10日	(借方)	商　　　品	400,000	(貸方)	買　掛　金	400,000
15日	(借方)	現　　　金	500,000	(貸方)	借　入　金	500,000
20日	(借方)	売　掛　金	350,000	(貸方)	商　　　品	300,000
					商品売買益	50,000
22日	(借方)	買　掛　金	300,000	(貸方)	現　　　金	300,000
25日	(借方)	給　　　料	200,000	(貸方)	現　　　金	200,000
28日	(借方)	現　　　金	250,000	(貸方)	売　掛　金	250,000

2. 勘定口座への転記

現　　金　　　　　　1			売　掛　金　　　　　　2		
1/ 8 資本金	1,000,000	1/22 買掛金　300,000	1/20 諸　口　350,000	1/28 現　金	250,000
15 借入金	500,000	25 給　料　200,000			
28 売掛金	250,00				

商　　品　　　　　　3			買　掛　金　　　　　　4		
1/10 買掛金	400,000	1/20 売掛金　300,000	1/22 現　金　300,000	1/10 商　品	400,000

借　入　金　　　　　　5		資　本　金　　　　　　6	
	1/15 現　金　500,000		1/ 8 現　金　1,000,000

商品売買益　　　　　　7		給　　料　　　　　　8	
	1/20 売掛金　50,000	1/25 現　金　200,000	

3．合計残高試算表の作成

合計残高試算表
○年1月31日

借　　方		元丁	勘定科目	貸　　方	
残　高	合　計			合　計	残　高
1,250,000	1,750,000	1	現　　　金	500,000	
100,000	350,000	2	売　掛　金	250,000	
100,000	400,000	3	商　　　品	300,000	
	300,000	4	買　掛　金	400,000	100,000
		5	借　入　金	500,000	500,000
		6	資　本　金	1,000,000	1,000,000
		7	商品売買益	50,000	50,000
200,000	200,000	8	給　　　料		
1,650,000	3,000,000			3,000,000	1,650,000

　合計試算表は，各勘定の借方合計の総計＝各勘定の貸方合計の総計であることを確かめることによって，各勘定の転記が正しいことを明らかにしようとするものである。本例題では，各勘定の借方合計の総計は，1,750,000＋350,000＋400,000＋300,000＋200,000＝3,000,000であり，各勘定の貸方合計の総計は，500,000＋250,000＋300,000＋400,000＋500,000＋1,000,000＋50,000＝3,000,000であることから，各勘定の転記は正しく行われたと判断する。

　残高試算表は，各勘定の借方残高の総計＝各勘定の貸方残高の総計であることを確かめることによって，各勘定の転記が正しいことを明らかにしようとするものである。本例題では，各勘定の借方残高の総計は，1,750,000－500,000＋350,000－250,000＋400,000－300,000＋200,000＝1,650,000であり，各勘定の貸方合計の総計は，400,000－300,000＋500,000＋1,000,000＋50,000＝1,650,000であることから，各勘定の転記は正しく行われたと判断する。

問題

問1 次の仕訳を略式の勘定口座へ転記し，6月30日の合計残高試算表を作成しなさい。

6月5日	（借方）	現	金	1,400,000	（貸方）	商　　　　品	1,270,000
						商品売買益	130,000
8日	（借方）	現	金	1,100,000	（貸方）	借　入　金	1,100,000
13日	（借方）	商	品	1,230,000	（貸方）	買　掛　金	1,230,000
25日	（借方）	給	料	190,000	（貸方）	現　　　　金	190,000
28日	（借方）	現	金	160,000	（貸方）	売　掛　金	160,000
30日	（借方）	買　掛　金		185,000	（貸方）	現　　　　金	185,000

```
          現      金         1                    売 掛 金         2
6/1 前期繰越  200,000                 6/1 前期繰越  250,000


          商      品         3                    買 掛 金         4
6/1 前期繰越  250,000                                   6/1 前期繰越  150,000


          借 入 金           5                    資 本 金         6
                                                        6/1 前期繰越  550,000


          商品売買益         7                    給      料        8
```

合計残高試算表
○年6月30日

借方		元丁	勘定科目	貸方	
残高	合計			合計	残高
		1	現　　金		
		2	売 掛 金		
		3	商　　品		
		4	買 掛 金		
		5	借 入 金		
		6	資 本 金		
		7	商品売買益		
		8	給　　料		

問2　次の試算表には誤りがあるので，借方・貸方の合計額が一致しない。正しい残高試算表を作成しなさい。ただし，各勘定科目の金額には誤りはない。

残高試算表
○年7月31日

借方		元丁	勘定科目	貸方	
正しい残高	残高			残高	正しい残高
	120,000	1	現　　金		
		2	売 掛 金	179,000	
	190,000	3	商　　品		
		4	買 掛 金	141,000	
	130,000	5	借 入 金		
	282,000	6	資 本 金		
		7	商品売買益	156,000	
	13,000	8	受取手数料		
	218,500	9	給　　料		
		10	光 熱 費	1,700	
	11,200	11	通 信 費		
		12	支 払 利 息	1,600	
	964,700			479,300	

第5章
精算表（その1）

1．試算表と貸借対照表・損益計算書の関係

　残高試算表にはすでに学んだように総勘定元帳のすべての勘定の残高が集計されている。したがって，残高試算表をもとにして，貸借対照表と損益計算書を作成することができる。

　今，資産，負債，純資産（資本），収益，費用の各勘定が次のとおりであったとする。

　資　産：現　　金￥1,238,000　売掛金￥179,000　商　品￥190,000
　負　債：買掛金￥141,000　借入金￥130,000
　純資産（資本）：資本金￥1,000,000
　収　益：商品売買益￥556,000　受取手数料￥13,000
　費　用：給　　料￥200,000　光熱費￥20,200　通信費￥11,200
　　　　　支払利息￥1,600

上記の各勘定の金額をもとにして，残高試算表を図で示すと次のようになる。

残　高　試　算　表

資　産 ￥1,607,000	負　債　￥271,000
	純資産（資本） ￥1,000,000
費　用　￥233,000	収　益　￥569,000

この図から貸借対照表等式を作成すれば,次のとおりになる。

　　資産￥1,607,000＝負債￥271,000＋純資産(資本)￥1,000,000
　　　　　　　　　＋当期純利益￥336,000

また,損益計算書等式を作成すれば,次のとおりになる。

　　費用￥233,000＋当期純利益￥336,000＝収益￥569,000

この等式をもとにして,貸借対照表および損益計算書を作成すれば,次のようになる。

貸借対照表

資　産 ￥1,607,000	負　債 ￥271,000
	純資産(資本) ￥1,000,000

当期純利益 ￥336,000

損益計算書

費　用 ￥233,000	収　益 ￥569,000

　以上のようにして残高試算表を貸借対照表と損益計算書に分解することができる。貸借対照表等式で算定された当期純利益と損益計算書等式で算定された当期純利益は￥336,000で一致することがわかる。このような関係をクリーン・サープラス関係という。

2. 6桁精算表

　精算表は，試算表，損益計算書，貸借対照表を1表にまとめた一覧表である。次に示す精算表は，金額欄が6桁の6桁精算表である。

精 算 表
〇年8月31日

勘定科目	元丁	試算表 借方	試算表 貸方	損益計算書 借方	損益計算書 貸方	貸借対照表 借方	貸借対照表 貸方
現　　　金	1	1,238,000				1,238,000	
売　掛　金	2	179,000				179,000	
商　　　品	3	190,000				190,000	
買　掛　金	4		141,000				141,000
借　入　金	5		130,000				130,000
資　本　金	6		1,000,000				1,000,000
商品売買益	7		556,000		556,000		
受取手数料	8		13,000		13,000		
給　　　料	9	200,000		200,000			
光　熱　費	10	20,200		20,200			
通　信　費	11	11,200		11,200			
支払利息	12	1,600		1,600			
当期純利益				336,000			336,000
		1,840,000	1,840,000	569,000	569,000	1,607,000	1,607,000

　6桁精算表の作り方は次のとおりである。
（1）　残高試算表からすべての勘定科目と金額を試算表欄に記入する。
（2）　試算表欄の各勘定の金額のうち，費用と収益に属するものを損益計算書欄に移記し，資産，負債，純資産（資本）に属するものを貸借対照表欄に移記する。
（3）　損益計算書欄および貸借対照表欄に貸借差額をそれぞれ当期純利益ま

たは当期純損失として合計金額の少ない側に記入し，各欄の借方合計と貸方合計を平均させて締め切る。

問題

問　次の勘定残高により，精算表を作成しなさい。

現　金￥170,000　売掛金￥220,000　商　品￥310,000　備　品￥210,000
買掛金￥270,000　借入金￥320,000　資本金￥100,000　商品売買益￥388,000
受取手数料￥112,000　給　料￥160,000　広告料￥120,000

精　算　表

勘定科目	元丁	試算表 借方	試算表 貸方	損益計算書 借方	損益計算書 貸方	貸借対照表 借方	貸借対照表 貸方
現　　　金	1	170,000				170,000	
売　掛　金	2	220,000				220,000	
商　　　品	3	310,000				310,000	
備　　　品	4	210,000				210,000	
買　掛　金	5		270,000				270,000
借　入　金	6		320,000				320,000
資　本　金	7		100,000				100,000
商品売買益	8		388,000		388,000		
受取手数料	9		112,000		112,000		
給　　　料	10	160,000		160,000			
広　告　料	11	120,000		120,000			
当期純利益				220,000			220,000
		1,190,000	1,190,000	500,000	500,000	910,000	910,000

第6章
貸借対照表（その1）

1．財産法と純資産（資本）等式

　企業が一定時点で所有する純資産（資本）の額は，資産の総額から負債の総額を引くことによって算定される。純資産（資本）を算定する等式は次のように示され，純資産（資本）等式と呼ばれる。

　　　資産－負債＝純資産（資本）

　今，期首を○年7月1日とし，浜田商店の○年7月1日の資産および負債の状態は次のとおりであったとする。

　　資　産：現　金￥850,000　売掛金￥435,000　商　品￥395,000
　　　　　　備　品￥500,000
　　負　債：買掛金￥350,000　借入金￥830,000

この場合，○年7月1日現在における浜田商店の財政状態を純資産（資本）等式で示すと次のようになる。

　　　資産￥2,180,000－負債￥1,180,000＝純資産（資本）￥1,000,000

　また，期末を○年7月31日とし，○年7月31日の資産および負債の状態は次のとおりであったとする。

資　産：現　　金 ¥800,000　売掛金 ¥235,000　商　品 ¥25,000
　　　　備　　品 ¥600,000
負　債：買掛金 ¥150,000　借入金 ¥330,000

この場合，○年7月31日現在における浜田商店の財政状態を純資産（資本）等式で示すと次のようになる。

資産 ¥1,660,000 − 負債 ¥480,000 ＝ 純資産（資本）¥1,180,000

期首の純資産（資本）¥1,000,000 と期末の純資産（資本）¥1,180,000 の差額を計算すると，

期末純資産（資本）¥1,180,000 − 期首純資産（資本）¥1,000,000
　＝ 当期純利益 ¥180,000

となる。この ¥180,000 は当期の純資産（資本）の純増加を意味し，当期純利益という。期首純資産（資本）額に比べて期末純資産（資本）額が減少した場合は当期純損失となる。

　このように，期末と期首の純資産（資本）額の増減を期間損益として計算する方法を，財産法という。

2．貸借対照表等式と貸借対照表

　純資産（資本）等式は，負債を右辺に移すことによって次のような式に変形される。

資産 ＝ 負債 ＋ 純資産（資本）

この等式を，貸借対照表等式という。貸借対照表等式に基づいて，財政状態すなわち資産や負債，純資産（資本）の状態を示した報告書を貸借対照表という。上記浜田商店の○年7月1日の貸借対照表を作成すれば次のようになる。

貸 借 対 照 表

浜田商店		○年7月1日		(単位：円)
資　産	金　額	負債および純資産（資本）	金　額	
現　　金	850,000	買　掛　金	350,000	
売　掛　金	435,000	借　入　金	830000	
商　　品	395,000	資　本　金	1,000,000	
備　　品	500,000			
	2,180,000		2,180,000	

貸借対照表はこのように企業の財政状態を示すことができるが，毎日の取引によって財政状態は変動する。貸借対照表が示す財政状態は一定時点のものであるから，毎期一定の日に貸借対照表を作成して財政状態の変動を観察しなければならない。

先の浜田商店の○年7月31日の貸借対照表は次のようになる。

貸 借 対 照 表

浜田商店		○年7月1日		(単位：円)
資　産	金　額	負債および純資産（資本）	金　額	
現　　金	800,000	買　掛　金	150,000	
売　掛　金	235,000	借　入　金	330000	
商　　品	25,000	資　本　金	1,000,000	
備　　品	600,000	当期純利益	180,000	
	1,660,000		1,660,000	

○年7月31日の貸借対照表の純資産（資本）額は，先に純資産（資本）等式で計算したように￥1,180,000である。しかし，期末の貸借対照表においては，純資産（資本）がどのくらい増減したかを示すために，期首の資本金￥1,000,000と当期純利益￥180,000とに分けて示す。

第7章
損益計算書（その1）

1. 損益法

　期末に貸借対照表を作成すれば，財産法によって，純資産（資本）の増減として当期純利益または当期純損失の額を総括的に示すことができるが，当期純利益または当期純損失がどのような収益とどのような費用によって発生したのかといった経営内容についての情報は明らかにはならない。
　経営内容についての情報を知るためには，当期純利益または当期純損失の総額だけではなく，経営活動によってどれだけの収益が発生し，どれだけの費用が発生したかを計算し，収益の額と費用の額を比較することによって当期純利益または当期純損失を算定しなければならない。その方法を損益法という。
　損益法は，一定期間の総収益から総費用を差し引いて当期純利益または当期純損失を算定する方法である。
　今，浜田商店の〇年7月1日から7月31日までの収益と費用が次のとおりであったとする。

　　　収　益：商品売買益￥1,190,000
　　　費　用：給　料￥600,000　支払家賃￥200,000　通信費￥100,000
　　　　　　　水道光熱費￥80,000　支払利息￥30,000

収益の総額￥1,190,000から費用の総額￥1,010,000を差し引くことによって，当期純利益￥180,000が算定される。これを損益法の式で示すと，

総収益¥1,190,000 − 総費用¥1,010,000 = 当期純利益¥180,000

となる。

2．損益計算書等式と損益計算書

　損益法によって当期純利益の計算式は，損益計算書等式に変形することができる。

総収益¥1,190,000 − 総費用¥1,010,000 = 当期純利益¥180,000

すなわち，この式は

総費用¥1,010,000 + 当期純利益¥180,000 = 総収益¥1,190,000

と示すこともできる。この式を損益計算書等式という。

　損益計算書等式に基づいて，一定期間の費用と収益を明らかにし，企業の経営成績を報告する計算書を損益計算書という。

　損益計算書等式にしたがって〇年7月1日から〇年7月31日までの浜田商店の損益計算書を作成すれば次のとおりである。

損　益　計　算　書

浜田商店　　〇年7月1日から〇年7月31日まで　　（単位：円）

費　　　用	金　　額	収　　　益	金　　額
給　　　料	600,000	商 品 売 買 益	1,190,000
支 払 家 賃	200,000		
通　信　費	100,000		
水 道 光 熱 費	80,000		
支 払 利 息	30,000		
当 期 純 利 益	180,000		
	1,190,000		1,190,000

第8章
キャッシュ・フロー計算書（その1）

1．キャッシュ・フロー計算書の資金概念

　キャッシュ・フロー計算書は，資金についての計算書である。わが国における資金の情報は，戦後，証券取引法のもとで有価証券報告書に財務諸表外の情報として，資金繰状況（いわゆる「資金繰表」）が開示され，次いで1987年4月1日以降「資金収支表」が開示されていたが，1999年4月1日以後開始する事業年度から金融商品取引法が適用される会社に対して「キャッシュ・フロー計算書」が主要財務諸表の1つとして開示されるようになった。

　キャッシュ・フロー計算書と資金収支表の資金概念を比較すると，資金収支表が現預金及び市場性のある一時所有の有価証券を資金としているのに対して，キャッシュ・フロー計算書は現金及び現金同等物を資金としているという違いがある。また表示区分を比較すると，資金収支表が「事業活動に伴う収支」および「資金調達活動に伴う収支」の2区分を採っていたのに対して，キャッシュ・フロー計算書は「営業活動によるキャッシュ・フロー」，「投資活動によるキャッシュ・フロー」，「財務活動によるキャッシュ・フロー」の3区分を採用しているという違いがある。このことは資金繰表，資金収支表が資金の収支に重点をおいた表示区分をとっていたのに対して，キャッシュ・フロー計算書は，企業の活動別の資金情報に重点をおいた表示区分をとっていることを意味している。

2. キャッシュ・フロー計算書の構造

　前述したようにキャッシュ・フロー計算書は，資金の計算書であるが，フローの計算書であるから，例えば貸借対照表に示されるストックとしての現金の残高とは異なるものである。フローとは期間の額を意味するものであるから，キャッシュ・フローとは1会計期間の資金の額を意味しており，直接的には収入から支出を控除して計算される。

　キャッシュ・フロー計算書における資金は「現金及び現金同等物」であるから，1会計期間の資金の額は，期末の「現金及び現金同等物」残高から期首の「現金及び現金同等物」残高を控除した「現金及び現金同等物の増減額」が企業活動全体のキャッシュ・フローということになる。

　このように期末資金額から期首資金額を控除して計算された企業活動全体のキャッシュ・フローを「営業活動によるキャッシュ・フロー」，「投資活動によるキャッシュ・フロー」，「財務活動によるキャッシュ・フロー」の3区分に分けて表示し，資金をどのように稼得し，どのように使用しているかを明示しようとしたものが，キャッシュ・フロー計算書である。したがって，キャッシュ・フロー計算書からは，企業の資金を獲得する能力，債務の支払能力，配当金の支払能力，資金調達の必要性等を評価する情報を得ることができると考えられる。

　キャッシュ・フロー計算書は，損益計算書と貸借対照表から作成される。営業活動によるキャッシュ・フローは，一般に間接法と呼ばれる方法によって作成される。間接法は当期純利益をもとに計算するが，キャッシュが当期純利益の計算に使用されているかいないかを判断の基準にして加算あるいは減算することによって，営業活動によるキャッシュ・フローを計算する方法である。この方法を税金については考慮せずに簡単に説明すると，以下のような式によって要約することができる。

営業活動によるキャッシュ・フロー
＝当期純利益＋非資金項目＋／－運転資本の変動額＋利息及び配当金の受取額
＝当期純利益＋減価償却費＋売上債権の減少額（－売上債権の増加額）＋棚卸資産の減少額（－棚卸資産の増加額）＋買入債務の増加額（－買入債務の減少額）＋利息及び配当金の受取額

また，投資活動によるキャッシュ・フローと財務活動によるキャッシュ・フローは，直接法と呼ばれる方法によって計算される。これはどのような理由によってキャッシュが増加あるいは減少したかを示すことによって投資活動によるキャッシュ・フローあるいは財務活動によるキャッシュ・フローを計算する方法である。投資活動によるキャッシュ・フローと財務活動によるキャッシュ・フローの計算を簡単に説明すると以下のように要約することができる。

投資活動によるキャッシュ・フロー
＝有価証券の売却による収入＋有形固定資産の売却による収入＋投資有価証券の売却による収入＋貸付金の回収による収入－有価証券の取得による支出－有形固定資産の取得による支出－投資有価証券の取得による支出－貸付けによる支出

財務活動によるキャッシュ・フロー
＝短期借入による収入＋長期借入による収入＋社債の発行による収入＋株式の発行による収入－短期借入金の返済による支出－長期借入金の返済による支出－社債の償還による支出－自己株式の取得による支出－配当金の支払額

以下に示すキャッシュ・フロー計算書は，先に示した貸借対照表と損益計算書を用いて計算したものである。なお，現金同等物はないので現金のみで計算している。また，税金も対象外である。

キャッシュ・フロー計算書

浜田商店　　　○年7月1日から○年7月31日　　　（単位：円）

I．営業活動によるキャッシュ・フロー
　　1．当期純利益　　　　　　　　　　180,000
　　2．売掛金の減少　　　　　　　　　200,000
　　3．棚卸資産の減少　　　　　　　　370,000
　　4．買掛金の減少　　　　　　　　 −200,000
　　　　営業活動によるキャッシュ・フロー　　　　　　550,000
II．投資活動によるキャッシュ・フロー
　　1．備品の購入による支出　　　　 −100,000
　　　　投資活動によるキャッシュ・フロー　　　　 −100,000
III．財務活動によるキャッシュ・フロー
　　1．借入金の減少　　　　　　　　 −500,000
　　　　財務活動によるキャッシュ・フロー　　　　 −500,000
IV．現金の増減額　　　　　　　　　　　　　　　　　 −50,000
V．現金の期首残高　　　　　　　　　　　　　　　　 850,000
VI．現金の期末残高　　　　　　　　　　　　　　　　 800,000

第9章
取引の仕訳（その2）

1. 商品売買取引の仕訳（その2）

(1) 商品勘定の3分法

　これまで商品売買取引の仕訳に用いてきた分記法では，商品勘定を設けて仕訳を行った。すなわち，取引要素の結合関係に従い，商品を仕入れた場合は，（借方）商品×××と仕入原価で仕訳し，また，商品を販売した場合は，（貸方）商品×××と仕入原価で仕訳すると同時に，販売価格と仕入原価の差額を（貸方）商品売買益×××または（借方）商品売買損×××と仕訳した。

　分記法は商品勘定の現在残高を把握しやすいが，商品売買益を計算するという観点からは，能率的な方法とはいえない。すなわち，多種類の商品を多量に扱っている場合には，商品売買益を計算するためには，販売価格と仕入原価を比較して差額を計算するので，商品を販売するつど，商品の種類別に仕入原価を調査して商品売買益または商品売買損を計算するというわずらわしさがある。

　そこで，このような非能率を排除するために，商品勘定をいくつかの勘定に分割する方法がとられている。一般には，商品勘定を繰越商品勘定（資産），仕入勘定（費用），売上勘定（収益）の3つに分割する3分法が用いられている。

(2) 繰越商品勘定・仕入勘定・売上勘定

　繰越商品勘定は，資産の勘定であり，決算時に売上原価を計算するために使用され，日常の商品売買に関する仕訳には用いられない。総勘定元帳の繰越商

品勘定には，期首および期末の商品有高が記入される。

　仕入勘定は，費用の勘定であり，総勘定元帳の仕入勘定には，借方に仕入高，貸方に仕入値引，仕入返品が記入され，借方合計は総仕入高を示し，借方残高は純仕入高を示す。

　売上勘定は，収益の勘定であり，総勘定元帳の売上勘定には，貸方に売上高，借方に売上値引，売上返品が記入され，貸方合計は総売上高を示し，貸方残高は純売上高を示す。

（3）商品を仕入れた場合

　商品を仕入れた場合は，取引要素の結合関係に従い，借方に仕入と仕入原価で仕訳する。商品を仕入れる場合に付随する費用である引取運賃や保険料を仕入諸掛というが，仕入諸掛は商品の仕入原価に含める。

> **例題**　次の取引を仕訳しなさい。
> 　商品¥30,000を仕入れ，代金は掛とした。なお，商品の取引運賃¥3,000を現金で支払った。

《答》（借方）仕　入　　33,000　　（貸方）買掛金　　30,000
　　　　　　　　　　　　　　　　　　　　　現　金　　 3,000

　　　商品を仕入れたときは，仕入という費用が発生し，同時に，費用である当方負担の引取運賃も発生したと考える。したがって，（借方）仕入33,000となる。商品の代金は掛としたので買掛金という負債が増加し，（貸方）買掛金30,000となり，引取運賃は現金で支払ったので現金という資産が減少し，（貸方）現金3,000となる。

（4）商品を販売した場合

　商品を販売した場合は，取引要素の結合関係に従い，貸方に売上と売価で仕訳する。商品売買益は決算時に計算するので，販売したときには商品売買益に関する仕訳は行わない。商品の販売に付随する費用である発送運賃や保険料な

どを売上諸掛というが，販売時に当方が負担する場合には，発送費勘定や保険料勘定で処理する。しかし，買い手がこれらの費用を負担することになっていて当方が支払った場合は，売掛金勘定に含めるか立替金勘定で処理する。

例題 次の取引を仕訳しなさい。
1. 商品を¥45,000で販売し，代金は掛とした。なお，当店が支払うことになっている発送運賃¥3,000は現金で支払った。
2. 商品を¥35,000で販売し，代金は掛とした。なお，先方負担の発送運賃¥2,000を現金で支払った。

《答》 1. （借方）売掛金　　45,000　　（貸方）売　上　　45,000
　　　　　　　発送費　　 3,000　　　　　　現　金　　 3,000

　　商品を販売した場合は，売上という収益が発生したと考え，（貸方）売上45,000となり，同時に代金は掛としたので売掛金という資産が増加し，（借方）売掛金45,000となる。発送運賃は当方負担であるので，発送費という費用が発生し，（借方）発送費3,000となり，同時に現金を支払ったので現金という資産が減少し，（貸方）現金3,000となる。

2. （借方）売掛金　　37,000　　（貸方）売　上　　35,000
　　　　　　　　　　　　　　　　　　　　現　金　　 2,000

　　または，

　（借方）売掛金　　35,000　　（貸方）売　上　　35,000
　　　　　立替金　　 2,000　　　　　　現　金　　 2,000

　　上記例題1と異なるのは，発送運賃の取り扱いである。例題1では，発送運賃は当方負担であったので，発送費という費用が発生したが，この例題2では，発送運賃は先方負担であるので，当店の費用にはならない。支払った現金¥2,000は，後日販売先から受け取るものであるので，売掛金に含めて処理するか，立替金で処理する。

(5) 返品がある場合

商品が品違いであった場合や，傷や汚れなどにより商品としての価値を損ねている場合には，商品を返品する場合がある。仕入れた商品を送り返すことを

仕入返品または仕入戻しといい，販売した商品が送り返されることを売上返品または売上戻りという。

> **例題** 次の取引を仕訳しなさい。
> 10月 8日　10月5日に上前津商店から掛で仕入れた商品￥50,000のうち，￥5,000を品違いのため返品した。
> 10月12日　10月10日に大須商店へ掛で販売した商品￥30,000のうち，￥2,000が品違いのため返品された。

《答》10月 8日　仕入返品の場合

　　　（借方）買掛金　5,000　　　（貸方）仕　入　5,000

　　仕入返品の場合は，仕入れた商品を戻したのであるから，仕入れた時の仕訳と逆の仕訳を行い，その商品の仕入をなくす処理をする。しがたって，仕入という費用の勘定が消滅し，(貸方)仕入5,000となり，同時に買掛金という負債の勘定が減少するので，(借方)買掛金5,000となる。

10月12日　売上返品の場合

　　　（借方）売　上　2,000　　　（貸方）売掛金　2,000

　　売上返品の場合は，販売した商品が戻ってきたのであるから，売り上げた時の仕訳と逆の仕訳を行い，その商品の売上をなくす処理をする。したがって，売上という収益の勘定が消滅し，(借方)売上2,000となり，同時に売掛金という資産の勘定が減少するので，(貸方)売掛金2,000となる。

(6) 値引きがある場合

　商品としての価値を損ねているというわけではないが，数量が不足していたり傷や汚れなどがある場合に，商品の価格を安くすることがある。仕入れた商品の価格を安くすることを仕入値引といい，販売した商品の価格を安くすることを売上値引という。

第9章　取引の仕訳（その2）　　77

> **例題**　次の取引を仕訳しなさい。
> 10月15日　10月10日に上前津商店から掛で仕入れた商品が汚損していたため，¥1,000の値引きを受けた。
> 10月20日　10月12日に大津商店に掛で販売した商品を，汚損のため¥1,500値引きした。

《答》　10月15日　仕入値引の場合

　　　（借方）買掛金　1,000　　（貸方）仕　入　1,000

　仕入値引を受けた場合は，商品を値引き額だけ安く仕入れたことと同じになるので，仕入れた時の仕訳と逆の仕訳を行い，値引き額を減額する。したがって，仕入という費用の勘定が消滅し，（貸方）仕入1,000となり，同時に買掛金という負債の勘定が減少するので，（借方）買掛金1,000となる。

10月20日　売上値引の場合

　　　（借方）売　上　1,500　　（貸方）売掛金　1,500

　売上値引を行った場合は，商品を値引き額だけ安く販売したことと同じになるので，販売した時の仕訳と逆の仕訳を行い，値引き額を減額する。したがって，売上という収益の勘定が消滅し，（借方）売上1,500となり，同時に売掛金という資産の勘定が減少するので，（貸方）売掛金1,500となる。

問　題

問　次の取引を3分法により仕訳しなさい。
1．伏見商店から商品¥270,000を仕入れ，代金は掛とした。
2．上記の仕入商品のうち¥24,000は品違いであったので返品した。
3．高畑商店に商品¥230,000を売り渡し，代金は掛とした。
4．上記の売上商品について，高畑商店から値引きの交渉を受けたので，¥9,500の値引きを承諾した。
5．池下商店から商品¥360,000を仕入れ，代金は掛とした。なお，引取運賃¥7,500を現金で支払った。
6．本山商店に商品¥220,000を売り渡し，代金は掛とした。なお，発送費

¥4,800を現金で支払った。
7．星が丘商店に商品￥300,000を売り渡し，代金は掛とした。なお，先方負担の発送費￥5,000は現金で立て替えた。

2．現金・預金取引の仕訳（その2）

(1) 現金過不足勘定

　現金の収入と支出は，総勘定元帳の現金勘定と補助簿である現金出納帳に明細が記入される。総勘定元帳の現金勘定残高と現金出納帳の現金残高は一致しなければならないことはもちろんのことであるが，これらの帳簿残高と実際の現金有高も当然一致しなければならない。しかしながら，計算違い，記入漏れや誤記，現金の紛失などにより一致しないことがある。このような場合には，不一致の原因を調査して帳簿残高を実際の現金有高に一致させる必要がある。帳簿残高と現金有高の不一致が明らかになった場合，不一致の原因が明らかになるまで，帳簿残高が現金有高よりも多い場合も，反対に少ない場合も，現金過不足勘定を使って処理をしておく。後日原因が明らかになった場合には，現金過不足勘定から明らかになった勘定に振り替える。

> **例題**　次の取引を仕訳しなさい。
> 1．現金出納帳の残高￥30,000を現金の実際有高と照合したところ，現金の実際有高が￥1,000不足していることがわかった。
> 2．例題1の現金不足￥1,000は通信費の支払額の記入漏れであることがわかった。
> 3．現金の実際有高を調べたところ，帳簿残高よりも￥2,000多いことがわかった。
> 4．例題3の現金余剰￥2,000は利息受取額の記入漏れであることがわかった。

《答》 1．現金の実際有高が帳簿残高よりも不足している場合
　　　（借方）現金過不足　　1,000　　（貸方）現　　　金　　1,000
　　　帳簿残高と実際の現金有高とが一致しない場合には，帳簿残高を実際の現金有高に一致させる必要がある。現金がなくなっているのであるから，現金という資産が減少し，（貸方）現金1,000である。この現金の使い道は不明であるから，（借方）現金過不足1,000となる。
2．現金の使途が明らかになった場合
　　　（借方）通　信　費　　1,000　　（貸方）現金過不足　　1,000
　　　現金の使い道が不明であったので，一時的に（貸方）現金過不足と仕訳していたが，原因が通信費の支払いであることがわかったので，現金過不足勘定を通信費勘定に振り替える。
3．現金の実際有高が帳簿残高よりも多い場合
　　　（借方）現　　　金　　2,000　　（貸方）現金過不足　　2,000
　　　実際に現金があるのに帳簿に記入されていないのであるから，現金という資産が増加し，（借方）現金2,000である。現金の増加した理由は不明であるので，（貸方）現金過不足2,000となる。
4．現金の増加している原因が明らかになった場合
　　　（借方）現金過不足　　2,000　　（貸方）受取利息　　2,000
　　　現金があるのにその原因が不明であったので，一時的に（貸方）現金過不足と仕訳していたが，原因が利息の受け取りであることがわかったので，現金過不足勘定を受取利息勘定に振り替える。

問　題

問　次の取引を仕訳しなさい。
　1．現金勘定の残高が¥12,000，現金の実際有高が¥8,000であった。不一致の原因は不明である。
　2．上記の現金勘定残高と実際有高の不一致の原因は交通費の記帳漏れであることがわかった。
　3．現金の実際有高を調べたところ，帳簿残高よりも¥100,000多いことがわかった。
　4．上記の現金勘定残高と実際有高の不一致の原因は家賃の受け取りの記帳漏れであることがわかった。

（2）当座借越勘定

　銀行と当座取引契約を結んでおけば，支払いは小切手で行い，他から受け取った小切手は当座預金として預け入れることができるが，小切手の振り出しは当座預金残高が限度である。したがって，当座預金に残高がない場合は，小切手を振り出すことができない。しかしながら，当座取引契約にあたり，当座借越契約を結んでおけば，契約の範囲内で一定の限度額まで当座預金残高をこえて小切手を振り出すことができる。

　当座借越は銀行からの一時的な借入であるから，当座借越になった場合には，取引要素の結合関係に従い，貸方に当座借越と仕訳される。当座借越勘定は負債の勘定である。後日，当座預金に預け入れた場合，当座借越勘定に残高がある場合は，先に返済されるため，借方に当座借越と仕訳され，それをこえる金額がある場合には借方に当座預金と仕訳される。

例題　次の取引を当座預金勘定と当座借越勘定を用いて仕訳しなさい。商品売買については3分法を用いなさい。

9月 1日　赤池銀行と当座取引契約を結び，現金￥100,000を当座預金に預け入れた。

10月 2日　赤池銀行と当座借越契約を結ぶ。借越限度額は￥90,000である。

10月 3日　平針商店から商品￥48,000を仕入れ，代金は赤池銀行あて小切手#004を振り出して支払った。当座預金勘定の残高は￥8,000である。

10月 5日　原商店へ商品￥56,000を売り渡し，代金は植田銀行あて小切手で受け取り，ただちに赤池銀行の当座預金口座に預け入れた。

《答》　9月1日　（借方）当　座　預　金　100,000　　（貸方）現　　　　金　100,000

　　当座取引契約を結び，当座預金口座に現金を預け入れたのであるから，現金という資産が減少し，（貸方）現金100,000である。同時に，当座預金という資産が増加し，（借方）当座預金100,000となる。

10月2日　仕　訳　な　し

　　当座借越契約を結んだのであるが，資産・負債・純資産（資本）に増減をも

第9章　取引の仕訳（その2）　○── 81

たらさないので，簿記上の取引とはならない。したがって，仕訳を行うことはできない。

10月3日　（借方）仕　　　入　48,000　　（貸方）当 座 預 金　 8,000
　　　　　　　　　　　　　　　　　　　　　　　当 座 借 越　40,000

　商品を仕入れたのであるから，仕入という費用が発生し，（借方）仕入48,000である。同時に，代金は小切手を振り出して支払ったのであるから，当座預金という資産の減少となるが，当座預金の残高は¥8,000しかないので，残りの¥40,000は当座預金から払うことはできない。しかし，当座借越契約を結んでいるので当座預金残高が¥0となっても小切手を使うことができる。この¥40,000については，当座借越という負債が増加し，（貸方）当座借越40,000となる。

10月5日　（借方）当 座 借 越　40,000　　（貸方）売　　　上　56,000
　　　　　　　　　当 座 預 金　16,000

　商品を¥56,000で販売したのであるから，売上という収益が発生し，（貸方）売上56,000である。同時に，代金¥56,000を小切手で受け取り，ただちに当座預金口座に預け入れたのであるから，当座預金という資産が増加する。ただし，当座借越という負債が¥40,000あるので，負債の返済が優先され，（借方）当座借越40,000および当座預金16,000となる。

（3）当座勘定

　当座借越が生じた場合，当座借越勘定と当座預金勘定を用いている2勘定制の場合には，当座借越が生じたつど当座借越勘定に記入し，小切手を振り出すごとに当座預金勘定の残高を調べる必要が生じる。また，入金の場合も，借越の返済と預金とを区別して仕訳をする必要が生じる。そこで，記帳を簡単にするために，当座借越勘定を設けずに，当座預金勘定と当座借越勘定を合わせて当座勘定とする1勘定制も用いられる。1勘定制の場合には，当座勘定の残高が借方であれば預金残高を示し，貸方であれば借越残高を示すことになる。

> **例題** 次の取引を当座勘定を用いて仕訳しなさい。商品売買については3分法を用いなさい。
>
> 9月 1日　赤池銀行と当座取引契約を結び，現金¥100,000を当座預金に預け入れた。
> 10月 2日　赤池銀行と当座借越契約を結ぶ。借越限度額は¥90,000である。
> 10月 3日　平針商店から商品¥48,000を仕入れ，代金は赤池銀行あて小切手#004を振り出して支払った。当座預金勘定の残高は¥8,000である。
> 10月 5日　原商店へ商品¥56,000を売り渡し，代金は植田銀行あて小切手で受け取り，赤池銀行に預け入れた。

《答》　当座借越勘定の例題と同じ問題であるが，当座預金勘定と当座借越勘定を当座勘定だけで仕訳するので，以下のようになる。

9月1日　（借方）当　　座　100,000　（貸方）現　　金　100,000

　当座預金勘定の増加であるが当座勘定という1勘定制を用いているので（借方）当座 100,000 である。

10月2日　仕　訳　な　し

　当座借越勘定の例題で説明したように，当座借越契約を結んだのであるが，資産・負債・純資産（資本）に増減をもたらさないので，簿記上の取引とはならない。したがって，仕訳を行うことはできない。

10月3日　（借方）仕　　入　48,000　（貸方）当　　座　48,000

　商品の仕入代金は，（貸方）当座預金 8,000 および当座借越 40,000 であるが，1勘定制を用いているので，（貸方）当座 48,000 となる。

10月5日　（借方）当　　座　56,000　（貸方）売　　上　56,000

　商品代金¥56,000は当座借越の返済と当座預金への預け入れとなるので，（借方）当座借越 40,000 および当座預金 16,000 であるが，1勘定制をとっているので（借方）当座 56,000 となる。

問題

問 次の取引を当座預金勘定と当座借越勘定を用いて仕訳しなさい。商品売買については3分法を用いなさい。

10月4日 塩釜口銀行と当座取引契約を結び，現金¥400,000を預け入れた。また，当座借越契約を結び，借越限度額は¥400,000とした。

　　6日 八事商店から商品¥410,000を仕入れ，代金は小切手を振り出して支払った。

　　11日 杁中商店へ商品¥300,000（原価¥250,000）を売り渡し，代金は同店振り出しの小切手で受け取り，当座預金に預け入れた。

　　16日 川名商店に対する買掛金¥620,000を，手持ちの御器所商店振り出しの小切手¥280,000と小切手¥340,000を振り出して支払った。

　　21日 事務用の机とイス¥250,000を購入し，代金は小切手を振り出して支払った。

　　29日 荒畑商店に対する売掛金¥260,000を同店振り出しの小切手で受け取り，当座預金に預け入れた。

3．債権・債務の仕訳（その2）

(1) 手形取引

　売買取引を行ったとき，その代金の決済に手形がしばしば用いられる。手形取引は掛取引と同様に現金決済ではなく企業間の信用を基にした取引であり，代金の決済は後日行われる取引である。掛が約束のための証券を発行しないのに対して，手形は将来の一定の日に一定の金額を支払うことを約束した証券を発行する点に違いがある。支払期日に資金を用意できないことを不渡りといい，6カ月に2回不渡りを出すと事実上の倒産となる。

　手形代金は当座預金口座から支払われる。仕訳をする場合には，債権の場合は受取手形勘定，債務の場合には支払手形勘定を用いる。

(2) 約束手形

　約束手形は，商品を仕入れた時に，商品代金を現金で支払う代わりに，一定の期日に一定の金額を支払うことを約束した証券である。約束手形は２者間の取引に用いられ，商品を仕入れた側には商品代金を支払う義務が生じ，商品を販売した側には商品代金を受け取る権利が生じる。約束手形の場合は，代金を支払うために手形を作成する側を振出人といい，代金を受け取る側を名宛人という。

例題　次の取引を仕訳しなさい。

1．9月1日　藤が丘商店に対する買掛金¥120,000を同店あての約束手形＃10（振出日9月1日，満期日9月30日，支払場所　昭和銀行）を振り出して支払った。

2．9月7日　本郷商店は一社商店へ商品¥200,000を売り渡し，代金は一社商店振り出し，本郷商店あての約束手形＃15（振出日9月7日，満期日10月31日，支払場所　名東銀行）を受け取った。

3．9月30日　先に藤が丘商店あてに振り出した約束手形¥120,000が本日満期につき，当店当座預金勘定から支払った旨取引銀行より通知を受けた。

4．10月31日　本郷商店は，かねて取り立てを依頼していた一社商店振り出しの約束手形¥200,000が支払期日になり，当座預金口座に入金された旨，名東銀行から通知を受けた。

《答》　1．約束手形を振り出した場合

　　　　（借方）買　掛　金　　120,000　　　（貸方）支払手形　　120,000

　　　　買掛金の支払いが行われたのであるから，買掛金という負債が減少し，（借方）買掛金120,000となる。このように買掛金を支払うために，約束手形を振り出した場合は，支払手形という負債が増加し，（貸方）支払手形120,000となる。

2．約束手形を受け取った場合

　　（借方）受取手形　　200,000　　　（貸方）売　　上　　200,000

　　商品を販売したのであるから，売上という収益が発生し，（貸方）売上200,000となる。代金は約束手形を受け取ったのであるから，受取手形という資産が増加し，（借方）受取手形200,000となる。

3．約束手形の代金を支払った場合

　　（借方）支払手形　　120,000　　　（貸方）当座預金　　120,000

　　約束手形の代金が支払われたのであるから，支払手形という負債が減少し，（借方）支払手形120,000となる。支払いは当座預金勘定から行われたのであるから，当座預金という資産が減少し，（貸方）当座預金120,000となる。

4．約束手形の代金を受け取った場合

　　（借方）当座預金　　200,000　　　（貸方）受取手形　　200,000

　　約束手形の代金を受け取ったのであるから，受取手形という資産が減少し，（貸方）受取手形200,000となる。当座預金口座へ入金があったのであるから，当座預金という資産が増加し，（借方）当座預金200,000となる。

（3）手形の裏書譲渡

　約束手形も為替手形も満期日まで所有せずに，仕入代金の支払い等のために第三者に渡すことができる。第三者に渡す場合には，手形の裏面に必要事項を記入し署名捺印して渡すことから，これを手形の裏書譲渡と呼ぶ。

例題　次の取引を仕訳しなさい。

1．徳重商店から商品￥30,000を仕入れた。代金は以前受け取った赤池商店振り出し，当店あての約束手形￥30,000を裏書譲渡して支払った。

2．神沢商店は平針商店へ商品￥25,000を販売し，本郷商店振り出し，平針商店あての約束手形を裏書された。

《答》　1．裏書譲渡を行ったときの仕訳（商品仕入時）

　　　（借方）仕　　入　　30,000　　　（貸方）受取手形　　30,000

　　　商品を仕入れたのであるから，仕入という費用が発生し，（借方）仕入

30,000となる。代金は，以前受け取った約束手形の裏書譲渡によっている。約束手形を以前受け取ったときには，受取手形という資産が増加し（借方）受取手形 30,000 と仕訳している。手形を裏書譲渡した場合にはこの受取手形という資産が減少するので，（貸方）受取手形 30,000 となる。

2．裏書譲渡によって手形を受け取ったときの仕訳（商品販売時）
　（借方）受取手形　　25,000　　　（貸方）売　　上　　25,000
　商品を販売したのであるから，売上という収益が発生し，（貸方）売上 25,000 となる。手形を裏書された場合は，当店あての約束手形を受け取った場合と同様に手形債権が発生し，受取手形という資産が増加し，（借方）受取手形 25,000 となる。

（4）手形の割引

　商品の仕入代金として約束手形や為替手形を受け取るが，受け取った手形は満期日以前に銀行などの金融機関に裏書譲渡して資金を入手することができる。この場合，銀行などの金融機関には満期日まで手形上の金額が入金されないため，手形を受け取った日から手形に記載してある支払期日までの利息相当額を差し引いた金額を資金として提供する。これを手形の割引という。手形を割り引いた場合には，手形代金より低い価額で手形を売却したことになるので，利息相当額の手形売却損が発生する。

> **例題**　次の取引を仕訳しなさい。
> 　　黒川商店は以前受け取った大曽根商店振り出し，当店あての約束手形 ¥80,000 を取引銀行で割り引き，割引料 ¥4,000 を差し引かれた残額が当座預金口座に入金された。

《答》　（借方）当 座 預 金　　76,000　　　（貸方）受 取 手 形　　80,000
　　　　　　手形売却損　　 4,000
　　手形を割り引いた場合，当座預金として入金されるのは支払利息相当額の割引料を控除された額であるので，（借方）当座預金 76,000 となり，同時に支払利息相当額の割引料は，手形代金より低い価額で手形を売却したことになるの

で，(借方) 手形売却損 4,000 となる。手形の割引によって手形上の債権は消滅するので，受取手形という資産の減少となり (貸方) 受取手形 80,000 となる。

4．債権・債務の仕訳 (その3)

(1) 貸付金勘定と借入金勘定

借用証書を用いて金銭を貸した場合には，借方に貸付金と仕訳される。貸付金勘定は資産の勘定である。反対に，金銭を借りた場合には，貸方に借入金と仕訳される。借入金勘定は負債の勘定である。

> **例題** 次の取引を仕訳しなさい。
> 1．高畑商店に対して，借用証書により¥300,000 を貸し付けていたが，利息¥13,800 とともに同店振り出しの小切手で返済を受けた。
> 2．銀行から現金¥800,000 を借り入れ，借用証書を差し入れた。
> 3．上記借入金が期日となったので利息¥36,800 とともに小切手を振り出し決済した。

《答》 1．(借方) 現　　金　　313,800　　(貸方) 貸　付　金　　300,000
　　　　　　　　　　　　　　　　　　　　　　　受取利息　　13,800

借用証書により現金を貸し付けた場合は貸付金という資産が増加し，(借方) 貸付金 300,000 となるが，返済を受けたのであるから，貸付金という資産が減少し，(貸方) 貸付金 300,000 となる。同時に，受取利息という収益が発生するので，(貸方) 受取利息 13,800 となる。また，返済は他人振り出しの小切手を受け取ったのであるから現金勘定で処理し，(借方) 現金 313,800 となる。

2．(借方) 現　　金　　800,000　　(貸方) 借　入　金　　800,000

借用証書により現金を借り入れた場合，借入金という負債が増加し，(貸方) 借入金 800,000 となる。同時に，現金という資産が増加したのであるから，(借方) 現金 800,000 となる。

3．（借方）借　入　金　　800,000　　　　（貸方）当座預金　　836,800
　　　　　支払利息　　　 36,800

借入金を返済した場合，借入金という負債が減少し，（借方）借入金800,000となる。同時に支払利息という費用が発生し，（借方）支払利息36,800となる。返済は小切手を振り出して支払ったのであるから，当座預金という資産が減少し，（貸方）当座預金836,800となる。

（2）手形貸付金勘定・手形借入金勘定

商品売買以外に金銭の貸し借りでも手形を振り出すことがある。商品売買で振り出される手形を商業手形といい，金銭の貸借のために振り出される手形を金融手形という。金融手形は実質的に金銭の貸借であるので，手形貸付金勘定または貸付金勘定，手形借入金勘定または借入金勘定で処理される。手形貸付金勘定は資産の勘定，手形借入金勘定は負債の勘定である。

例題　次の取引を仕訳しなさい。
1．鶴舞商店に¥300,000を貸し付け，同額の約束手形を受け取った。なお，利息¥13,800を差し引いた残額を小切手を振り出して引き渡した。
2．国債を担保として銀行から¥2,000,000を借り入れ，同額の約束手形を振り出すとともに，利息を差し引かれた手取金を当座預金とした。借入期間は219日，年利率は4.6%である。

《答》　1．（借方）手形貸付金　　300,000　　　（貸方）当座預金　　286,200
　　　　　　　　　　　　　　　　　　　　　　　　　　　受取利息　　 13,800

約束手形を受け取り¥300,000を貸し付けたのであるから，手形貸付金という資産が増加し，（借方）手形貸付金300,000となる。また，振り出した小切手の額は利息を控除した額であるので，（貸方）当座預金286,200となる。差し引いた利息は受取利息で，（貸方）受取利息13,800となる。

2．（借方）当座預金　　1,944,800　　　（貸方）手形借入金　　2,000,000
　　　　　支払利息　　　 55,200

約束手形を振り出して¥200,000の借り入れを行ったのであるから，手形借入金という負債が増加し，（貸方）手形借入金2,000,000である。差し引かれ

た利息は支払利息で，2,000,000×0.046×219÷365＝55,200と計算され，(借方)支払利息55,200となる。また，受け取った額は利息を控除した額であるので，(借方)当座預金1,944,800となる。

問題

問　次の取引をそれぞれの商店の立場で仕訳しなさい。
　　刈谷商店は，約束手形を振り出して，瀬戸商店から¥100,000を借り入れ，現金で受け取ったので，ただちに当座預金とした。

(3) 未収金勘定と未払金勘定

　商品を売買した場合に生じる代金の未収分が売掛金勘定，未払分が買掛金勘定で処理されるのに対して，商品以外の雑貨，備品，建物，土地，有価証券，不用品などを売買した場合に生じる代金の未収分は借方に未収金，未払分は貸方に未払金と仕訳される。未収金勘定は資産の勘定であり，未払金勘定は負債の勘定である。

例題　次の取引を仕訳しなさい。
1．パソコン（帳簿価額¥30,000）を¥30,000で売却し，代金は月末に受け取ることにした。
2．事務用の椅子¥5,000を買い入れ，代金は月末に支払うことにした。

《答》1．(借方) 未収金　30,000　　(貸方) 備　品　30,000
　　　　パソコンを売却した場合，備品という資産が減少するので，(貸方) 備品30,000となる。代金は月末に受け取ることになるが商品の販売ではないので，売掛金ではなく未収金という資産が増加し，(借方) 未収金30,000である。
　　2．(借方) 備　品　5,000　　(貸方) 未払金　5,000
　　　　椅子を買い入れたのであるから，備品という資産が増加し，(借方) 備品5,000となる。代金は月末に支払うことになるが商品の仕入れではないので，買掛金ではなく未払金という負債が増加し，(貸方) 未払金5,000となる。

（4）前払金勘定と前受金勘定

　商品を仕入れるにあたり，商品の引き渡しを受けるより前に，商品代金の一部を内金などとして支払うことがある。このような場合には，仕入勘定あるいは商品勘定の代わりに，借方に前払金と仕訳される。また，商品を販売するにあたり，商品を引き渡すより前に，商品代金の一部を内金などとして受け取ることがある。このような場合には，売上勘定あるいは商品勘定の代わりに，貸方に前受金と仕訳される。前払金勘定は資産の勘定であり，前受金勘定は負債の勘定である。

例題　次の取引を仕訳しなさい。
1. 大曽根商店は，赤池商店に商品￥200,000を注文し，内金として現金￥40,000を支払った。
2. 大曽根商店は，上記商品￥200,000を受け取った。なお，商品代金の残額は掛とした。
3. 中村商店から商品￥150,000の注文を受け，内金として￥30,000の送金小切手を受け取った。
4. 中村商店は，商品￥150,000を売り渡し，代金は前受金￥30,000を差し引き，残額は掛とした。

《答》　1．（借方）前払金　　40,000　　　（貸方）現　金　　40,000
　　　　商品を注文しただけでは，借方に仕入あるいは商品と仕訳されない。現金￥40,000を支払ったのであるから，現金という資産が減少し（貸方）現金40,000となる。同時に￥40,000分の商品を受け取る権利が生じるので，前払金という資産が増加し，（借方）前払金40,000となる。
　　　2．（借方）仕　入　　200,000　　　（貸方）前払金　　　40,000
　　　　　　　　　　　　　　　　　　　　　　　　買掛金　　 160,000
　　　　商品の引渡しを受けたので，仕入という費用が発生し（借方）仕入200,000となる。同時に，借方に前払金と仕訳していた内金の分は，商品を受け取ったのでなくなるため，前払金という資産が減少し（貸方）前払金40,000となる。商品代金の残額は掛であるので，買掛金という負債が増加し，（貸方）

買掛金 160,000 となる。
3．（借方）現　　金　　　30,000　　　（貸方）前受金　　　30,000

商品の注文を受けただけでは，貸方に売上あるいは商品と仕訳されない。現金￥30,000を受け取ったのであるから，現金という資産が増加し（借方）現金30,000となる。同時に￥30,000分の商品を引き渡す義務が生じるので，前受金という負債が増加し，（貸方）前受金30,000となる。

4．（借方）前受金　　　30,000　　　（貸方）売　　上　　　150,000
　　　　　売掛金　　　120,000

商品を引き渡したので，売上という収益が発生し（貸方）売上150,000となる。同時に，貸方に前受金と仕訳していた内金の分は，商品を引き渡したのでなくなるため，前受金という負債が減少し（借方）前受金30,000となる。商品代金の残額は掛であるので，売掛金という資産が増加し，（借方）売掛金120,000となる。

（5）立替金勘定と預り金勘定

　取引先や従業員に一時的に金銭を立て替えた場合は，借方に立替金と仕訳される。また，一時的に預った場合は，貸方に預り金と仕訳される。従業員に対する分は，企業の外部者と区別するために，従業員立替金勘定または従業員預り金勘定が使用されることがある。

　立替金勘定は資産の勘定であり，預り金勘定は負債の勘定である。

例題　次の取引を仕訳しなさい。

1．従業員のために洋服の購入代金￥60,000を現金で立替払いした。
2．給料￥250,000の支払いにさいし，上記立替金￥60,000を差し引き，現金で支払った。
3．給料￥300,000のうち，社員旅行用積立金￥3,000を差し引き，現金で支払った。
4．従業員が退職したので，社員旅行用積立金￥400,000を現金で支払った。

《答》 1．（借方）従業員立替金　　60,000　　　（貸方）現　　　金　　60,000

　　　　従業員のために現金を立替払いした場合は，従業員立替金という資産が増加するので（借方）従業員立替金60,000となる。同時に，現金という資産が減少するので（貸方）現金60,000となる。

　　2．（借方）給　　　　料　　250,000　　　（貸方）従業員立替金　　60,000
　　　　　　　　　　　　　　　　　　　　　　　　　　現　　　金　　190,000

　　　　給料を支払った場合，給料という費用が発生し，（借方）給料250,000となる。また従業員立替金という資産が減少し（貸方）従業員立替金60,000となる。同時に，立替分を除いた額を現金で支払ったので，現金という資産が減少したので（貸方）現金190,000となる。

　　3．（借方）給　　　　料　　300,000　　　（貸方）従業員預り金　　3,000
　　　　　　　　　　　　　　　　　　　　　　　　　　現　　　金　　297,000

　　　　給料を支払ったので給料という費用が発生し，（借方）給料300,000となる。社員旅行用の積立金は従業員からの預り金であるので，従業員預り金という負債が増加し，（貸方）従業員預り金3,000となる。同時に，差額を現金で支払ったので，現金という資産が減少し，（貸方）現金297,000となる。

　　4．（借方）従業員預り金　　400,000　　　（貸方）現　　　金　　400,000

　　　　従業員預り金として処理していた社員旅行用積立金を返済したので，従業員預り金という負債が減少し，（借方）従業員預り金400,000となる。同時に現金という資産が減少するので，（貸方）現金400,000となる。

（6）仮払金勘定と仮受金勘定

　金銭の収支があったが処理すべき勘定科目や金額が未確定な場合，支出の場合は借方に仮払金と仕訳し，収入の場合は貸方に仮受金と仕訳する。後日，勘定科目や金額が確定したときに，確定したそれぞれの勘定科目に振り替える。仮払金勘定は資産の勘定であり，仮受金勘定は負債の勘定である。

例題 次の取引を仕訳しなさい。

1. 従業員が大阪方面に出張するので，旅費として¥70,000を現金で概算払いした。
2. 出張中の従業員から当店の当座預金口座に¥450,000の入金があったが，その入金の理由は不明である。
3. 従業員が帰店し，旅費の残額¥14,000を現金で返済を受けた。なお，当座預金口座への入金は梅田商店から売掛金を回収したものであることがわかった。

《答》 1.（借方）仮 払 金　　70,000　　（貸方）現　　　金　　70,000

現金を支払ったのであるから，現金という資産が減少し，(貸方)現金70,000となる。この現金支出は旅費のためであるが，概算払いのため金額が確定していないので（借方）仮払金70,000となる。

2.（借方）当座預金　　450,000　　（貸方）仮 受 金　　450,000

当座預金口座への入金であるので当座預金という資産が増加し，(借方)当座預金450,000となる。送金の理由が不明である場合は仮受金勘定で一時的に記録しておくので，仮受金という負債が増加し，(貸方)仮受金450,000となる。

3.（借方）現　　　金　　14,000　　（貸方）仮 払 金　　70,000
　　　　　旅　　　費　　56,000
　　　　　仮 受 金　　450,000　　　　　　売 掛 金　　450,000

仮払いしていた旅費の金額が確定したので，旅費という費用が発生し，（借方）旅費56,000となり，差額は現金という資産が増加し，（借方）現金14,000となる。仮払金は現金と旅費に振り替えられることになるので，仮払金という資産が減少し，（貸方）仮払金70,000となる。また，当座預金口座への入金を一時的に仮受金で処理していたものは売掛金の回収であったことが判明したので売掛金という資産が減少し（貸方）売掛金450,000となる。また，仮受金を売掛金に振り替えるので，仮受金という負債が減少し，（借方）仮受金450,000となる。

問題

問　次の取引を仕訳しなさい。

1. 所有の帳簿価額@￥60,000の株式700株を@￥72,000で売却し，代金は月末に受け取ることにした。
2. 営業用のパソコン￥120,000を買い入れ，代金は月末に支払うことにした。
3. 水島商店は，金川商店に商品￥300,000を注文し，内金として￥30,000の現金を支払った。
4. 水島商店は，上記商品￥300,000を受け取った。なお，商品代金の残額は掛とした。
5. 松原商店から商品￥150,000の注文を受け，内金として￥15,000の送金小切手を受け取った。
6. 松原商店は，商品￥150,000を売り渡し，代金は前受金￥15,000を差し引き，残額は掛とした。
7. 銀行から現金￥1,000,000を借り入れ，借用証書を差し入れた。
8. 上記借入金が返済期日となったので利息￥40,000とともに小切手を振り出して決済した。
9. かねて，田辺商店に対して，借用証書により￥500,000を貸し付けていたが，利息￥20,000とともに同店振り出しの小切手で返済を受けた。
10. 従業員のために洋服の購入代金￥60,000を現金で立替払いした。
11. 給料￥220,000の支払いにさいし，上記立替金￥60,000を差し引き，現金で支払った。
12. 給料￥220,000のうち従業員の積立金￥3,000を差し引き，現金で支払った。
13. 従業員が退職したので，積立金￥3,000,000を現金で支払った。
14. 従業員が出張するので，旅費として￥20,000を現金で概算払いした。
15. 出張中の従業員から当座預金口座に￥60,000の入金があったが理由は不明である。
16. 従業員が帰店し，旅費の残額￥4,000の返済を現金で受けた。なお，当座預金口座への入金は飯田商店からの売掛金の回収であることが判明した。

5．株式・債券取引の仕訳（その2）

（1）有価証券の配当金の受け取り

　有価証券のうち，株式を保有している場合には，配当金を受け取ることができる。配当金は，企業が得た利益の一部を株主に還元するために株主に支払われる金銭をいう。取引要素の結合関係に従い，配当金を受け取った場合は，貸方に受取配当金と仕訳される。受取配当金勘定は収益の勘定である。

（2）有価証券の利息の受け取り

　利付国債のような利付債を所有している場合には，一定期間ごとに利息を受け取ることができる。利付債は，額面で発行され，所有者に対して毎年決まった時期に利息が支払われる債券である。利息を受け取った場合は，貸方に有価証券利息と仕訳される。有価証券利息勘定も収益の勘定である。

> 例題　次の取引を仕訳しなさい。
> 　6月26日　かねてより所有する鶴舞物産株式会社の株式10株につき1株
> 　　　　　あたり¥10の配当があり，配当金領収書を受け取った。
> 　12月20日　かねてより所有する国債額面¥50,000につき利払日が到来し，
> 　　　　　利息¥7,900を現金で受け取った。

《答》　6月26日　（借方）現　　　金　　100　　（貸方）受取配当金　　100
　　　配当金領収書は，通貨代用証券であるので現金勘定で処理される。これを受け取った場合には現金という資産の増加となり，（借方）現金100となり，同時に（貸方）受取配当金100となる。
　　　12月20日　（借方）現　　　金　7,900　　（貸方）有価証券利息　7,900
　　　利付国債の利息を現金で受け取ったのであるから，現金という資産が増加したので，（借方）現金7,900となり，同時に（貸方）有価証券利息7,900となる。

> 問　題

問　次の取引を仕訳しなさい。
1. 保有する塩釜株式会社の株式2,000株について，同社から配当金領収書￥120,000が郵送されてきた。
2. 額面￥1,000,000，年利率5％の国債を＠￥98で購入し，代金は現金で支払った。
3. 上記国債につき利払日が到来し，半年分の利息を現金で受け取った。

6．有形固定資産

有形固定資産は，企業が営業用に長期間使用する目的で所有する具体的な形を持った資産をいい，次のようなものがある。

（1）備品勘定・消耗品勘定

営業用の机，椅子，ロッカー，金庫，パソコンなどを購入した場合は，借方に備品と仕訳される。ただし，耐用年数が1年に満たないものや，価額が少額のものは消耗品勘定で処理される。

（2）車両運搬具勘定

営業用の自動車，オートバイなどを購入した場合は，借方に車両運搬具と仕訳される。

（3）建物勘定

営業用の店舗，事務所，倉庫などを購入した場合は，借方に建物と仕訳する。なお，冷暖房，照明などの付属設備も建物に含まれる。また，建物の取得原価には，仲介手数料，登記料，模様替えのための費用なども含まれる。

(4) 土地勘定

営業用の土地を購入した場合は，借方に土地と仕訳される。なお，土地の取得原価には，仲介手数料，登記料，整地費用などが含まれる。

(5) 機械装置勘定

営業用の機械および装置，コンベヤ，クレーンなどを購入した場合は，借方に機械装置と仕訳される。なお，機械装置の取得原価には，買入手数料，輸送・積みおろし・据付けなどの費用，試運転費などが含まれる。

例題 次の取引を仕訳しなさい。
1. 営業用のパソコン1台を買い入れ，代金¥220,000を小切手を振り出して支払った。
2. 営業用のトラック1台を買い入れ，代金¥2,800,000を小切手を振り出して支払った。
3. 営業用の店舗が完成し，引渡しを受けたので，この代金¥30,000,000を小切手を振り出して支払った。なお，登記料¥200,000を現金で支払った。

《答》 1. （借方）備　　　品　　220,000　　（貸方）当 座 預 金　　220,000

パソコンを購入したので，備品という資産が増加し，（借方）備品220,000となる。同時に，小切手を振り出して支払ったのであるから当座預金という資産が減少し，（貸方）当座預金220,000となる。

2. （借方）車両運搬具　　2,800,000　　（貸方）当 座 預 金　　2,800,000

トラックを購入したので車両運搬具という資産が増加し，（借方）車両運搬具2,800,000となる。同時に，小切手を振り出して支払ったのであるから当座預金という資産が減少し，（貸方）当座預金2,800,000となる。

3. （借方）建　　　物　　30,200,000　　（貸方）当 座 預 金　　30,000,000
　　　　　　　　　　　　　　　　　　　　　　　　現　　　金　　　　200,000

営業用の店舗を取得したので建物という資産が増加し，登記料も含めて（借方）建物30,200,000となる。同時に，小切手を振り出して支払ったので

あるから当座預金という資産が減少し，(貸方) 当座預金 30,000,000 となり，また登記料は現金を支払ったのであるから (貸方) 現金 200,000 となる。

> 問題

問 次の取引を仕訳しなさい。
1. 営業用の建物が完成し，引渡しを受けたので，この代金￥30,000,000 を小切手を振り出して支払った。なお，登記料￥200,000 を現金で支払った。
2. 営業用として土地 990 平方メートルを 1 平方メートルについて￥15,000 で購入し，代金￥14,850,000 と仲介手数料￥1,500,000 はともに小切手を振り出して支払った。なお，登記料￥200,000 は現金で支払った。

第10章
決　　算（その2）

1．損益計算基準の展開

損益計算を行うために収益および費用を計上する基準には次のようなものがある。

(1) 現金主義
費用および収益を現金の収入または支出によって計上する基準である。信用取引が発達し，固定資産が増大した現代の企業における損益計算としては不正確となり，利用する企業は限られる。

(2) 半発生主義
企業の信用制度の発達に伴い，現金主義が不合理となり，これを拡大し，現金の収支に加えて将来の支出である債務の期末残高および将来の収入である債権の期末残高をも含めて費用収益とする基準である。
　発生主義に近づいたものであるが，固定資産や繰延資産の償却，引当金などの問題は解決されなかった。

(3) 発生主義
1会計期間に属する収益・費用を，現金の収支とは関係なく，それらが発生する事実に基づいて計上する基準である。例えば，減価償却費を費用として計

上することは、これによるものであり、前払費用および前受収益は当期の損益計算から除かれるとともに、未払費用および未収収益は当期の損益計算に計上されることになる。

(4) 実現主義

発生主義によれば、すべての収益および費用は、それらが発生する事実に基づいて計上するが、収益の計上については、さらに制約が設けられていて、まだ実現しない収益は、原則として当期の損益計算から除かなければならないとする基準である。

(5) 費用収益対応の原則

損益計算においては、1会計期間に属するすべての収益と、そのために費やされた費用を対応させて損益を算定する。このことを費用収益対応の原則という。

問　題

問1　現金主義と発生主義について述べなさい。
問2　費用収益対応の原則の意味について述べなさい。

2．決算整理

(1) 決算整理の方法

期末における総勘定元帳の残高には、そのままでは正しい残高を示していないものがあるので、発生主義・実現主義に基づき、それらの勘定について整理を行う。これを決算整理という。決算整理の主な手続は次のとおりである。

① 売上原価の計算と商品売買益の計算：期末の在庫商品の実地棚卸を行って期末商品棚卸高を決定し、売上原価を計算し、商品売買益を算定する。

② 貸倒れの処理：売掛金，受取手形などの債権に対する貸倒れを見積もり，貸倒引当金を設ける。
③ 減価償却の処理：固定資産の減価償却費を計算し，これを当期の費用として減価償却費勘定に記入するとともに，固定資産の勘定または減価償却累計額に記入する。
④ 損益の繰延と見越：損益の繰延および見越に関する計算を行い，それぞれの勘定に記入する。

(2) 商品売買益の計算
① 売上原価の計算
商品売買益は，次の式によって計算される。

$$商品売買益 = 売上高 - 売上原価$$
$$= 売上高 - (前期商品繰越高 + 当期純仕入高 - 期末商品棚卸高)$$

ここで，前期商品繰越高＋当期純仕入高は，当期の商品総取扱高を示す。この商品総取扱高から期末の在庫である期末商品棚卸高を引いた（前期商品繰越高＋当期純仕入高－期末商品棚卸高）は売上原価を示す。売上高から売上原価を引いて商品売買益が計算される。なお，商品売買益は売上総利益ともいう。

② 売上原価と商品売買益を求める仕訳
上記の計算式を繰越商品，仕入，売上の3勘定間の振替記入で行う。そのために次の仕訳を行って，それぞれの勘定口座に転記する。当期純仕入高は¥1,120,000である。

・売上原価を求める仕訳
　a．（借方）仕　　　入　　487,000　　（貸方）繰越商品　　487,000
　b．（借方）繰越商品　　378,000　　（貸方）仕　　　入　　378,000

・商品売買益を求める仕訳
　c．（借方）売　　上　1,421,000　　（貸方）損　　益　1,421,000
　d．（借方）損　　益　1,229,000　　（貸方）仕　　入　1,229,000

　まず，aの仕訳で前期商品繰越高が繰越商品勘定から仕入勘定の借方に移され，その結果，仕入勘定の借方合計額が当期の商品総取扱高を示す。bの仕訳で期末商品棚卸高が繰越商品勘定の借方に記入されるとともに，仕入勘定の貸方にも記入され，借方合計額から差し引かれ，売上原価が計算される。cの仕訳で売上高が売上勘定から損益勘定の借方に移される。dの仕訳で売上原価が仕入勘定から損益勘定の借方に移される。
　このようにして，損益勘定で売上原価と売上高が対比され，商品売買益が計算される。

```
           仕          入                                    繰越商品
              1,120,000 b.繰越商品   378,000              487,000 a.仕    入    487,000
a.繰越商品       487,000 d.損    益 1,229,000  b.仕    入  378,000   次期繰越    378,000
              1,607,000             1,607,000              865,000                865,000
                                               前期繰越   378,000

           売          上                                    損    益
c.損    益  1,421,000              1,421,000  d.仕    入 1,229,000 c.売    上  1,421,000
```

例題　次の取引を仕訳しなさい。

　　当期純仕入高は¥171,000，当期純売上高は¥203,000である。また，商品の前期繰越高は¥70,000，期末の商品棚卸高は¥82,000である。売上原価と商品売買益を求めるための仕訳を示しなさい。

《答》（借方）仕　　入　　 70,000　　（貸方）繰越商品　　 70,000
　　　　　　繰越商品　　 82,000　　　　　　仕　　入　　 82,000
　　　　　　損　　益　　159,000　　　　　　仕　　入　　159,000
　　　　　　売　　上　　203,000　　　　　　損　　益　　203,000

売上原価は，仕入勘定で計算される。すなわち，仕入勘定では，当期純仕入高¥171,000＋前期商品繰越高¥70,000－期末商品棚卸高¥82,000＝¥159,000が計算される。商品売買益は売上高¥203,000－売上原価¥159,000＝44,000となり，損益勘定で計算される。

仕 入					繰越商品			
	171,000	繰越商品	82,000			70,000	仕 入	70,000
繰越商品	70,000	損 益	159,000	仕 入		82,000	次期繰越	82,000
	241,000		241,000			152,000		152,000
				前期繰越		82,000		

売 上					損 益			
損 益	203,000		203,000	仕 入		159,000	売 上	203,000

（3）貸倒れの処理

　得意先の中には，破産等の原因で支払い不能となる企業がある。このような得意先に対する売掛金や受取手形は回収することができない。このような売掛金や受取手形の回収不能を貸倒れという。

① 例えば，売掛金の場合，貸倒れが生じた場合は，売掛金を減らすとともに貸倒損失勘定を設けて，その借方に記入する必要がある。

　　　　（借方）貸 倒 損 失　×××　　（貸方）売　掛　金　×××

② 売掛金勘定の中には，次期に貸倒れとなることが予想されるものがあるので，あらかじめそれに備えておく必要がある。そこで，決算日ごとに貸倒れの予想高を見積もり，貸倒引当金繰入勘定（費用に属する勘定科目）の借方に記入して，当期の費用とするとともに，同額を貸倒引当金勘定の貸方に記入する。貸倒引当金勘定は，貸借対照表には，売掛金の金額から貸倒引当金を控除する形式で記載する。

(借方) 貸倒引当金繰入　×××　　(貸方) 貸倒引当金　×××

③　次期になって貸倒れが生じた場合，貸倒れとなった売掛金を減少させるとともに，貸倒引当金勘定から同額を差し引く。貸倒損失は，すでに前期の費用として損益計算書に計上したので，再び計上しない。

(借方) 貸倒引当金　×××　　(貸方) 売　掛　金　×××

④　前期から繰り越された貸倒引当金で貸倒れを埋め合わせてなお残高がある場合は，決算日に貸倒引当金勘定から貸倒引当金戻入勘定（収益に属する勘定科目）の貸方に振り替えて，利益に戻し入れる。

(借方) 貸倒引当金　×××　　(貸方) 貸倒引当金戻入　×××

⑤　また，貸倒引当金よりも多額の貸倒れが生じた場合，貸倒引当金を超過した分は，貸倒損失勘定で処理する。

(借方) 貸倒引当金　×××　　(貸方) 売　掛　金　×××
　　　　貸 倒 損 失　×××

例題　次の取引を仕訳しなさい。
1．決算にあたり，売掛金残高￥700,000 の 5％を貸倒れと見積もった。
2．佐野商店が破産し，同店に対する売掛金￥76,000 が回収不能になった。貸倒引当金勘定の残高はない。
3．田中商店が破産し，同店に対する売掛金￥76,000 が回収不能となった。貸倒引当金勘定の残高は￥80,000 である。
4．渡辺商店が破産し，同店に対する売掛金￥76,000 が回収不能となった。貸倒引当金勘定の残高は￥40,000 である。

《答》　1．(借方) 貸 倒 引 当 金 繰 入　　35,000　　(貸方) 貸 倒 引 当 金　　35,000
　　　　貸倒れの見積額は￥700,000×0.05＝￥35,000 であるので，(貸方) 貸倒引当

金35,000となる。貸倒れと見積もった額は，当期の費用として計上するので，貸倒引当金繰入という費用が発生し，（借方）貸倒引当金繰入35,000となる。

2．（借方）貸　倒　損　失　　76,000　　（貸方）売　　掛　　金　76,000

売掛金の回収ができなくなったのであるから，売掛金という資産が減少し，（貸方）売掛金76,000となる。同時に，回収不能になった分は貸倒損失という費用が発生し，（借方）貸倒損失76,000となる。

3．（借方）貸　倒　引　当　金　76,000　　（貸方）売　　掛　　金　76,000

貸倒引当金残高が￥80,000あり，￥76,000はすでに貸倒引当金繰入として費用計上している。そこで，貸倒引当金を売掛金に振り替え，（借方）貸倒引当金76,000とし，同時に，売掛金の回収ができなくなったのであるから，売掛金という資産が減少し（貸方）売掛金76,000となる。

4．（借方）貸　倒　引　当　金　40,000　　（貸方）売　　掛　　金　76,000
　　　　　　　　　　　　　　　　　　　　　　　　　貸　倒　損　失　36,000

売掛金の回収ができなくなったのであるから，売掛金という資産が減少し，（貸方）売掛金76,000である。貸倒引当金残高は￥40,000であるので，回収不能となった売掛金￥76,000のうち貸倒引当金繰入という費用になっている部分は￥40,000である。したがって，貸倒引当金が売掛金に振り替えられ，（借方）貸倒引当金40,000である。残りの￥36,000は費用処理されていない部分であるので，貸倒損失という費用が発生し（借方）貸倒損失36,000となる。

（4）減価償却の処理

　減価償却は，長期資産の取得原価を耐用年数にわたり，各会計期間に費用配分する手続である。すなわち，耐用年数にわたり，その資産が生み出す収益と費用を対応させるために，その資産の取得原価を費用へと振り替える。

　減価償却費の計算方法には，定額法や定率法などがある。

　毎期の減価償却を記録する方法には，直接法と間接法がある。直接法は，減価償却費を固定資産勘定から直接控除する方法である。

　　　　　　（借方）減価償却費　×××　　（貸方）固定資産の勘定　×××

　間接法は，減価償却費を減価償却累計額勘定に計上し，固定資産の勘定から

間接的にその金額を控除する方法である。

(借方) 減価償却費　×××　　(貸方) 減価償却累計額　×××

　直接法では，固定資産の勘定において，取得原価から減価償却費が直接差し引かれるので，固定資産の現在高は示される一方で，取得原価および決算期までの減価償却の累計額を知ることはできない。

　これに対して，間接法は，固定資産の取得原価および減価償却の累計額を知ることができ，両者の差額として固定資産の現在高を知ることもできる。減価償却累計額勘定は固定資産の現在高を評価する役割を持つ評価勘定である。

例題　次の取引を直接法によって仕訳しなさい。

4月1日　営業用としてパソコン1台¥200,000を買い入れ，代金は小切手を振り出して支払った。

9月30日　決算にあたり，上記のパソコンの減価償却を行った。ただし，決算は年2回，耐用年数を10年，残存価額を取得原価の10%とし，定額法によった。

《答》4月1日　(借方) 備　　　品　200,000　　(貸方) 当座預金　200,000

　パソコンを購入したのであるから，備品という資産が増加し，(借方) 備品200,000となる。また，小切手を振り出したので当座預金という資産が減少し，(貸方) 当座預金200,000となる。

9月30日　(借方) 減価償却費　9,000　　(貸方) 備　　　品　9,000

　減価償却費という費用が発生するので，(借方) 減価償却費9,000となる。減価償却費は次のように計算される。

$$減価償却費 = (200,000 - 20,000) \div 10年 \times 1/2 = 9,000$$

　また，直接法による減価償却の処理は，直接的に減価償却の対象である資産の額を減額させるので，備品という資産が減少し，(貸方) 備品9,000となる。

例題　前問の取引を間接法によって仕訳しなさい。

《答》 4月 1日（借方）備　　　　品　200,000　（貸方）当 座 預 金　200,000
　　　9月30日（借方）減 価 償 却 費　　9,000　（貸方）減価償却累計額　　9,000
　　　間接法による減価償却費の処理は，減価償却の対象である資産を減額させる代わりに，貸方に減価償却累計額と仕訳する。減価償却累計額は毎期の減価償却費を合計したものである。減価償却の対象となる資産から減価償却累計額勘定残高を控除することによって，対象となる資産がどのくらい減価償却されているかを知ることができる。

（5）損益の繰延と見越

　決算にあたって，費用と収益に属するすべての勘定は，損益勘定に振り替えられる。しかしながら，その期間に支払った費用の全部が当期の費用になるとは限らず，その期間に受け入れた収益の全部が当期の収益となるとは限らない場合がある。

　その期間に支払った費用のうち次期に属する費用を前払費用という。これを費用の繰延という。また，その期間に受け入れた収益のうち次期に属する収益を前受収益という。これを収益の繰延という。前払費用または前受収益は，当期の費用および収益の勘定から除き，次期に繰り延べなければならない。費用の繰延と収益の繰延を損益の繰延という。

　逆に，その期間に費用の支払いが生じていなくても当期の費用となり，その期間に収益の受け入れが生じていなくても当期の収益となる場合がある。

　その期間に支払いが生じていなくても当期に属する費用を未払費用という。これを費用の見越という。また，その期間に受け入れが生じていなくても当期に属する収益を未収収益という。これを収益の見越という。未払費用または未収収益は，当期の費用および収益の勘定に記入する。費用の見越と収益の見越を損益の見越という。

① 費用の繰延

　火災保険料，支払地代，支払家賃などについて前払いが行われた場合は，その前払分は当期の費用の勘定から除き，前払保険料，前払地代，前払家賃などの前払費用の各勘定の借方に振り替えて次期に繰り延べる。前払費用の勘定は，

一時的な資産の勘定であるので,次期のはじめに,費用の勘定に再び振り替える。これを再振替という。

> **例題　次の取引を仕訳しなさい。**
> 10月 1日　日本火災保険会社と火災保険契約（期間1カ年）を結び,保険料1年分￥120,000を現金で支払う。ただし,決算日は12月31日とする。
> 12月31日　決算日に上記で支払った保険料の前払分を計算し,前払分￥90,000を前払保険料勘定に振り替える。
> 　　　　　なお,当期の費用に属する分￥30,000は損益勘定に振り替える。
> 1月 1日　前期から繰越の前払保険料￥90,000を保険料勘定に振り替える。

《答》10月 1日　（借方）保　険　料　120,000　　（貸方）現　　　金　120,000
　　保険料を現金で支払ったのであるから,現金という資産が減少し,（貸方）現金120,000となる。同時に,保険料という費用が発生するので,（借方）保険料120,000となる。
　　12月31日　（借方）前払保険料　90,000　　（貸方）保　険　料　90,000
　　支払った保険料のうち￥90,000は次期に属する分であるので当期の費用から除くので,（貸方）保険料90,000となる。同時に,前払保険料という資産として次期に繰り延べるので,（借方）前払保険料90,000となる。
　　12月31日　（借方）損　　　益　30,000　　（貸方）保　険　料　30,000
　　当期の費用に属する￥30,000は,損益勘定に振り替えるが,残高は借方にあるので,（貸方）保険料30,000とし,同時に（借方）損益30,000と仕訳する。
　　1月 1日　（借方）保　険　料　90,000　　（貸方）前払保険料　90,000
　　前期から繰り越された前払保険料を資産の科目から当期の費用の科目に振り替えるので,前払保険料という資産が減少し,（貸方）前払保険料90,000となる。同時に,保険料という費用が発生し,（借方）保険料90,000となる。

```
         保 険 料                              前払保険料
10/1 現   金 120,000 │ 12/31 前払保険料 90,000    12/31 保険料  90,000 │ 12/31 次期繰越 90,000
                     │   〃  損    益  30,000    1/1  前期繰越 90,000 │ 1/1  保 険 料  90,000
         120,000     │       120,000
1/1 前払保険料 90,000 │
```

　前払費用には，火災保険料，地代，家賃などのように，期間をもとにしてその前払分を計算するものが多い。しかし，消耗品のような物品については，期間をもとにして計算することができないので，次期への資産として繰り延べるには棚卸の方法によらなければならない。例えば，文房具などの消耗品を買い入れたときは，借方に消耗品費と仕訳し，決算日に未消費分が残っている場合には，これを消耗品費勘定から差し引いて，貸方に消耗品費と仕訳すると同時に，借方に消耗品と仕訳し，消耗品費から消耗品に振り替える。消耗品勘定も，前払費用の勘定と同様，次期のはじめに費用の勘定に再び振り替える。

> **例題** 次の取引を仕訳しなさい。
> 　　11月10日　文房具など消耗品￥3,600を買い入れ，現金で支払う。
> 　　12月31日　決算にあたり，消耗品の未消費分￥600を棚卸によって決定したので，これを次期に繰り延べる。
> 　　 1月 1日　前期から繰越の消耗品￥600を消耗品費勘定に振り替える。

《答》　11月10日　（借方）消耗品費　　3,600　　（貸方）現　　金　　3,600
　　　現金を支払ったので，現金という資産が減少し，（貸方）現金3,600となる。同時に，消耗品費という費用が発生するので，（借方）消耗品費3,600となる。
　　12月31日　（借方）消　耗　品　　 600　　（貸方）消耗品費　　 600
　　　未使用の消耗品を当期の費用から除くため，消耗品費という費用が消滅し，（貸方）消耗品費600となる。同時に，消耗品という資産として次期に繰り延べるので，消耗品という資産が増加し，（借方）消耗品600となる。
　　 1月 1日　（借方）消耗品費　　　 600　　（貸方）消　耗　品　　 600
　　　前期から繰り越された消耗品を資産の科目から当期の費用の科目に振り替えるので，消耗品という資産が減少し，（貸方）消耗品600となる。同時に，消耗品費という費用が発生し，（借方）消耗品費600となる。

② 収益の繰延

当期に受け入れた受取地代，受取家賃，受取利息などのうちで，前受分は当期の収益の勘定から除き，前受地代，前受家賃，前受利息などの前受収益の各勘定の貸方に振り替えて次期に繰り延べる。前受収益の勘定は，一時的な負債の勘定であるので，次期のはじめに収益の勘定に再び振り替える。

例題 次の取引を仕訳しなさい。
11月 1日 家賃1年分￥2,400,000を現金で受け取る。
12月31日 決算にあたり，家賃の前受分を計算し，前受家賃￥2,000,000を次期に繰り延べる。
なお，当期の収益に属する分￥400,000を損益勘定に振り替える。
1月 1日 前期から繰り越した前受家賃￥2,000,000を受取家賃勘定に振り替える。

《答》 11月 1日 （借方）現　　金　2,400,000　　　（貸方）受取家賃　2,400,000
家賃を現金で受け取ったのであるから，現金という資産が増加し，（借方）現金2,400,000となる。同時に，受取家賃という収益が発生し，（貸方）受取家賃2,400,000となる。

12月31日 （借方）受取家賃　2,000,000　　　（貸方）前受家賃　2,000,000
受け取った家賃のうち￥2,000,000は次期に属する分であるので当期の収益から除くので，受取家賃という収益が消滅し，（借方）受取家賃2,000,000となる。同時に，前受家賃という負債として次期に繰り延べるので，（貸方）前受家賃2,000,000となる。

12月31日 （借方）受取家賃　　400,000　　　（貸方）損　　益　　400,000
当期の収益に属する￥400,000は損益勘定に振り替える。受取家賃勘定残高は貸方にあるので，（借方）受取家賃400,000とし，同時に（貸方）損益400,000と仕訳することによって，受取家賃400,0000は損益勘定に振り替えられる。

1月 1日 （借方）前受家賃　2,000,000　　　（貸方）受取家賃　2,000,000
前期から繰り越された前受家賃を負債の科目から当期の収益の科目に振り替えるので，前受家賃という負債が減少し，（借方）前受家賃2,000,000となる。

同時に，受取家賃という収益が発生し，（貸方）受取家賃 2,000,000 となる。

前受家賃				受取家賃			
12/31次期繰越 2,000,000	12/31受取家賃 2,000,000			12/31受取家賃 2,000,000	11/1 現　金 2,400,000
1/1　受取家賃 2,000,000	1/1　前期繰越 2,000,000			〃　損　益 400,000	
				2,400,000	2,400,000
					1/1 前受家賃 2,000,000

③　費用の見越

　当期中に費用が発生しているが支払いが行われていない場合は，当期の費用として計上する。例えば，支払地代，支払家賃，支払利息など，当期に属する費用のうち未払分があれば，貸方に未払地代，未払家賃，未払利息などの未払費用の勘定を設けて仕訳し，同時に，借方に支払地代，支払家賃，支払利息などの費用の勘定で仕訳する。未払費用の勘定は，一時的な負債の勘定なので，次期のはじめに，費用の勘定に再び振り替える。

例題　次の取引を仕訳しなさい。
　12月31日　決算にあたり，当期分の未払地代￥300,000を計上する。なお，当期の費用に属する分￥300,000は損益勘定に振り替える。
　 1月 1日　未払地代￥300,000を支払地代勘定に振り替える。
　 2月 1日　前期分地代￥300,000を現金で支払う。

《答》　12月31日　（借方）支払地代　　300,000　　（貸方）未払地代　　300,000
　　　未払いの地代であっても当期分は当期の費用となるため，支払地代という費用が発生し，（借方）支払地代300,000となる。同時に，未払地代という負債として次期に繰り延べるので，（貸方）未払地代300,000となる。
　　12月31日　（借方）損　　益　　300,000　　（貸方）支払地代　　300,000
　　　当期の費用に属する分￥300,000は損益勘定に振り替える。支払地代勘定の残高は借方にあるので，（貸方）支払地代300,000とし，同時に（借方）損益300,000と仕訳することによって，支払地代￥300,000は損益勘定に振り替えられる。

1月 1日 （借方）未払地代　　300,000　　　（貸方）支払地代　　300,000

　前期から繰り越された未払地代を負債の科目から当期の費用の科目に振り替える。未払地代という負債が減少し，（借方）未払地代300,000となるが，同時に，当期の費用ではないので，支払地代という費用の消滅として，（貸方）支払地代300,000と仕訳する。この仕訳を行うことによって，当期に前期の未払分を支払った時点で支払地代勘定は借方と貸方が相殺されて，当期の損益計算から前期分を除くことができる。

  2月 1日 （借方）支払地代　　300,000　　　（貸方）現　　　金　　300,000

　現金の支払いであるから，現金という資産が減少し，（貸方）現金300,000となる。前期分の地代であるが，支払地代という費用の発生として（借方）支払地代300,000と仕訳する。しかしながら，1月1日に（貸方）支払地代300,000と再振替しているので，この支払地代￥300,000は当期の損益計算から除かれる。

	未払地代				支払地代		
12/31	次期繰越 300,000	12/31	支払地代 300,000	12/31	未払地代 300,000	12/31	損　益 300,000
1/1	支払地代 300,000	1/1	前期繰越 300,000	2/1	現　金 300,000	1/1	未払地代 300,000

④　収益の見越

　当期に属する収益のうち未収分がある場合には，当期の収益として計上する。例えば，受取利息，受取手数料，受取地代など，当期に属する収益のうち未収分があれば，借方に未収利息，未収手数料，未収地代などの未収収益の勘定を設けて仕訳し，同時に，貸方に受取利息，受取手数料，受取地代などの収益の勘定で仕訳する。未収収益の勘定は，一時的な資産の勘定なので，次期のはじめに，収益の勘定に再び振り替える。

> 例題　次の取引を仕訳しなさい。
>   12月31日　決算にあたり，貸付金￥500,000の利息4カ月の未収額￥8,000
> 　　　　　を計上する。なお，当期の収益に属する分￥8,000は損益勘定
> 　　　　　に振り替える。
>   1月 1日　前期から繰り越した未収利息￥8,000を受取利息勘定に振り替

第 10 章 決　算（その 2）　◯── 113

　　える。
　6月30日　貸付金¥500,000を期日につき，利息¥20,000とともに現金で
　　受け取る。

《答》　12月31日　（借方）未収利息　　　8,000　　　（貸方）受取利息　　　8,000
　　未収の利息であっても当期分は当期の収益となるため，受取利息という収益
　が発生し，（貸方）受取利息8,000となる。同時に，未収利息という資産として
　次期に繰り延べるので，（借方）未収利息8,000となる。
　　12月31日　（借方）受取利息　　　8,000　　　（貸方）損　　益　　　8,000
　　当期の収益に属する分¥8,000は損益勘定に振り替える。受取利息勘定の残高
　は貸方にあるので，（借方）受取利息8,000とし，同時に（貸方）損益8,000と
　仕訳することによって，受取利息¥8,000は損益勘定に振り替えられる。
　　 1月 1日　（借方）受取利息　　　8,000　　　（貸方）未収利息　　　8,000
　　前期から繰り越された未収利息を資産の科目から当期の収益の科目に振り替
　える。未収利息という資産が減少し，（貸方）未収利息8,000となるが，同時に，
　当期の収益ではないので，受取利息という収益の消滅として，（借方）受取利息
　8,000と仕訳する。この仕訳を行うことによって当期に前期の未収分を受け取っ
　た時点で，受取利息勘定は借方と貸方が相殺されて，当期の損益計算から前期
　分を除くことができる。
　　 6月30日　（借方）現　　金　　520,000　　　（貸方）貸付金　　500,000
　　　　　　　　　　　　　　　　　　　　　　　　　　　受取利息　　 20,000
　　現金の受け取りであるから，現金という資産が増加し，（借方）現金520,000
　となる。前期分の利息であるが，受取利息という収益の発生として（貸方）受
　取利息20,000と仕訳する。受取利息の額は，当期の6カ月分と前期未収分の4
　カ月の計10カ月分である。このうち，すでに1月1日に再振替仕訳を行ったこ
　とにより，前期未収分¥2,000は当期の受取利息から除かれる。

	未収利息				受取利息		
12/31 受取利息	8,000	12/31 次期繰越	8,000	12/31 損　益	8,000	12/31 未収利息	8,000
1/1 前期繰越	8,000	1/1 受取利息	8,000	1/1 未収利息	8,000	6/30 現　金	20,000

問 題

問1 当期純仕入高が¥2,500,000，当期純売上高が¥3,250,000であり，前期商品繰越高が¥120,000，期末商品棚卸高が¥140,000のとき，商品売買益を求めるための仕訳を示しなさい。また，商品売買益はいくらか示しなさい。

問2 次の取引を仕訳しなさい。
1．決算にあたり，売掛金残高¥400,000の5％を貸倒れと見積もった。
2．佐藤商店が破産し，同店に対する売掛金¥100,000が回収不能になった。貸倒引当金勘定の残高はない。
3．中田商店が破産し，同店に対する売掛金¥100,000が回収不能となった。貸倒引当金勘定の残高は¥120,000である。
4．川辺商店が破産し，同店に対する売掛金¥100,000が回収不能となった。貸倒引当金勘定の残高は¥20,000である。

問3 次の取引を直接法によって仕訳しなさい。
1．営業用としてパソコン1台¥200,000を買い入れ，代金は小切手を振り出して支払った。
2．決算にあたり，上記のパソコンの減価償却を行った。なお，耐用年数を5年，残存価額を取得原価の10％とし，定額法によった。

問4 次の取引を仕訳しなさい。決算は年1回である。
11年 4月 1日　1年分の家賃¥1,800,000を現金で受け取った。
11年12月31日　決算にあたり，上記の家賃の前受分を次期に繰り越した。
12年 1月 1日　上記家賃の前受分を再振替した。
12年 6月 1日　1年分の保険料¥60,000を現金で支払った。
12年12月31日　決算にあたり，上記の保険料の前払分を次期に繰り延べた。
13年 1月 1日　上記保険料の前払分を再振替した。
13年 6月 1日　文房具¥20,000を買い入れ，代金は現金で支払った。なお，費用として処理をする。
13年12月31日　決算にあたり，消耗品の未使用分は¥6,000であった。
14年 1月 1日　消耗品¥6,000を再振替した。

問5 次の取引を仕訳しなさい。
11年12月31日　決算にあたり，家賃の未収分¥150,000を計上した。
12年 1月 1日　上記家賃の未収分を再振替した。

12年 2月10日　家賃￥150,000を現金で受け取った。
12年12月31日　決算にあたり，地代の未払分￥200,000を計上した。
13年 1月 1日　上記地代の未払分を再振替した。
14年 1月25日　地代￥200,000を現金で支払った。

(6) 棚卸表

決算整理に関する事項は，総勘定元帳に記入する前に棚卸表にまとめて記入し，これに基づいて決算仕訳をする。棚卸表の主な記載事項には次のようなものがある。

① 期末に保有する商品の棚卸高（種類，数量，単価，金額）
② 有価証券の評価額（種類，数量，額面，評価額）
③ 固定資産の減価償却額
④ 売掛金，受取手形などの債権に対する貸倒引当金の額
⑤ 費用，収益の繰延額　⑥ 費用，収益の見越額　⑦ 消耗品の期末棚卸高

棚　卸　表
〇年12月31日

勘定科目	摘　　要		内　訳	金　額
商　　品	イス	3台＠￥24,000	72,000	
	机	5台＠￥26,000	130,000	202,000
有価証券	〇〇株式	1,000株＠￥560	560,000	
	評価損1,000株＠￥20		20,000	540,000
機　　械		1台 取得原価	1,000,000	
		減価償却費	50,000	950,000
売 掛 金	帳簿残高		210,000	
	貸倒引当金（3％）		6,300	203,700
前払保険料	火災保険料前払分（9ヵ月分）計上			3,600
未払地代	地代未払分（3ヵ月分）計上			30,000
前受家賃	家賃前受分（10ヵ月分）計上			20,000
未収利息	貸付金利息未収分（4ヵ月分）計上			2,000
消 耗 品	未消費分			600
				1,951,900

第11章
精算表（その2）

1．8桁精算表の意義

　8桁精算表は，期末の総勘定元帳の残高に決算整理事項を調整することによって作成される。期間損益を把握し，損益計算書，貸借対照表が正しく作成できるかをシミュレーションすることができる。

2．8桁精算表の作成

　第5章で6桁精算表について学習したが，第10章で学習した決算整理事項があれば，整理事項を記入する整理記入欄を加えた8桁精算表を作成して勘定の整理を行う必要がある。
　8桁精算表の作成は次のように行う。
（1）　決算整理のための仕訳を整理記入欄に記入し，必要に応じて追加の勘定科目を勘定科目欄に記入する。
（2）　整理記入欄に示された金額を加減して，それぞれの勘定残高を計算し，費用と収益に属するものは損益計算書欄に，資産，負債，純資産に属するものは貸借対照表欄に記入する。
（3）　損益計算書欄，貸借対照表欄の貸借差額を，それぞれ当期純利益または当期純損失として，金額の少ない側に記入し，各欄の借方合計と貸方合計を平均させて締め切る。

例題 次の決算整理事項によって精算表を完成させなさい。資本金は各自計算しなさい。

1．期末商品棚卸高は¥920,000である。
2．貸倒引当金は売掛金の3％に訂正する（差額補充法による）。
3．建物減価償却費は¥60,000（間接法による）である。
4．備品減価償却費は¥73,000（直接法による）である。
5．有価証券評価額は¥196,000である。
6．現金過不足は全額雑損とする。
7．引出金は整理する。

第11章 精算表(その2) ── 119

	残高試算表		整理記入		損益計算書		貸借対照表	
	借方	貸方	借方	貸方	借方	貸方	借方	貸方
現　　　　金	45,600							
現 金 過 不 足	1,400							
当 座 預 金	250,000							
受 取 手 形	300,000							
売 掛 金	710,000							
貸 倒 引 当 金		13,000						
有 価 証 券	230,000							
繰 越 商 品	850,000							
前 払 金	70,000							
建　　　　物	2,000,000							
減価償却累計額		780,000						
備　　　　品	530,000							
支 払 手 形		250,000						
買 掛 金		600,000						
受 取 手 付 金		140,000						
資 本 金								
引 出 金	500,000							
売　　　　上		8,960,000						
雑 収 入		110,000						
仕　　　　入	7,100,000							
給　　　　料	650,000							
消 耗 品 費	270,000							
雑　　　　費	346,000							
(　　　　)								
減 価 償 却 費								
(　　　　)								
(　　　　)								
(　　　　)								
	13,853,000							

《答》

	残高試算表		整理記入		損益計算書		貸借対照表	
	借方	貸方	借方	貸方	借方	貸方	借方	貸方
現　　　　金	45,600						45,600	
現 金 過 不 足	1,400			1,400				
当 座 預 金	250,000						250,000	
受 取 手 形	300,000						300,000	
売 掛 金	710,000						710,000	
貸 倒 引 当 金		13,000		8,300				21,300
有 価 証 券	230,000			34,000			196,000	
繰 越 商 品	850,000		920,000	850,000			920,000	
前 払 金	70,000						70,000	
建　　　　物	2,000,000						2,000,000	
減価償却累計額		780,000		60,000				840,000
備　　　　品	530,000			73,000			457,000	
支 払 手 形		250,000						250,000
買 掛 金		600,000						600,000
受 取 手 付 金		140,000						140,000
資 本 金		3,000,000	500,000					2,500,000
引 出 金	500,000			500,000				
売　　　　上		8,960,000				8,960,000		
雑 収 入		110,000				110,000		
仕　　　　入	7,100,000		850,000	920,000	7,030,000			
給　　　　料	650,000				650,000			
消 耗 品 費	270,000				270,000			
雑　　　　費	346,000				346,000			
貸倒引当金繰入			8,300		8,300			
減 価 償 却 費			133,000		133,000			
有価証券評価損			34,000		34,000			
雑　　　　損			1,400		1,400			
当 期 純 利 益					597,300			597,300
	13,853,000	13,853,000	2,446,700	2,446,700	9,070,000	9,070,000	4,948,600	4,948,600

（1）残高試算表の貸方合計額の算定
　　　　借方合計＝貸方合計＝13,853,000
（2）資本金の計算
　　　　13,853,000－(13,000＋780,000＋250,000＋600,000＋140,000＋8,960,000
　　　　　＋110,000)＝3,000,000
（3）現金過不足を雑損に振り替える。
　　　　（借方）雑　　　　　損　　1,400　　（貸方）現 金 過 不 足　　1,400
（4）貸倒引当金の計算
　　　　710,000×0.03＝21,300　　　21,300－13,000＝8,300
　　　　（借方）貸倒引当金繰入　　8,300　　（貸方）貸 倒 引 当 金　　8,300
（5）売上原価の計算
　　　　（借方）仕　　　　　入　850,000　　（貸方）繰　越　商　品　850,000
　　　　　　　　繰　越　商　品　920,000　　　　　　仕　　　　　入　920,000
　　　　売上原価は 7,100,000＋850,000－920,000＝7,030,000 となる。
（6）有価証券の評価
　　　　（借方）有価証券評価損　　34,000　　（貸方）有　価　証　券　34,000
　　　　有価証券評価損は，230,000－196,000＝34,000 となる。
（7）建物減価償却費（間接法）
　　　　（借方）減 価 償 却 費　　60,000　　（貸方）減価償却累計額　60,000
（8）備品減価償却費（直接法）
　　　　（借方）減 価 償 却 費　　73,000　　（貸方）備　　　　　品　73,000
（9）資本金と引出金の整理
　　　　（借方）資　　本　　金　500,000　　（貸方）引　　出　　金　500,000
（10）当期純利益の計算
　　　　(8,960,000＋110,000) － (7,030,000＋650,000＋270,000＋346,000
　　　　　＋8,300＋133,000＋34,000＋1,400) ＝597,300
　　　　または，
　　　　(45,600＋250,000＋300,000＋710,000＋196,000＋920,000＋70,000
　　　　　＋2,000,000＋457,000)－(21,300＋840,000＋250,000＋600,000
　　　　　＋140,000＋2,500,000)＝597,300

問題

問　西谷商店（個人企業　決算年 1 回　12月31日）の決算整理事項は次のとおりである。精算表を完成しなさい。

決算整理事項：
（1）商品の期末棚卸高は￥135,000である。
（2）貸倒引当金は売掛金残高の4％とする
（3）備品について原価償却費を計上する。ただし，耐用年数20年，残存価額は取得原価の10％，定額法を用いる。

	残高試算表		整理記入		損益計算書		貸借対照表	
	借方	貸方	借方	貸方	借方	貸方	借方	貸方
現　　　　　金	171,000							
当　座　預　金	280,000							
売　　掛　　金	95,000							
繰　越　商　品	50,000							
備　　　　　品	200,000							
借　　入　　金		200,000						
買　　掛　　金		80,000						
貸 倒 引 当 金		2,000						
減価償却累計額		18,000						
資　　本　　金		400,000						
売　　　　　上		960,000						
仕　　　　　入	720,000							
給　　　　　料	109,000							
支　払　家　賃	14,000							
広 告 宣 伝 費	12,000							
雑　　　　　費	9,000							
(　　　　　)								
(　　　　　)								
(　　　　　)								
	1,660,000	1,660,000						

第12章
貸借対照表，損益計算書，キャッシュ・フロー計算書の作成

1．現金取引と信用取引

　製造業や商業を営む企業はもちろんサービス業その他の企業も，投下した資源を回収し，投下した資源以上の見返りを獲得するために，いかに，効率的・効果的に経営管理活動を行うかという視点から意思決定を行っている。

　企業は，資源を投資し，これらの資源を使用して営業活動を行い，これらの資源を獲得するために資金調達を行う。企業活動を考えるうえで，最も重要で基本的な資金は現金である。現金は企業の取引をとおして財貨や用役に転換される最も基本的な形であり，企業の経済活動を直接的に表現することができる用具である。企業は，取引をとおして，多額の現金を取り扱う。例えば，販売するための商品を購入し，製品を生産するための材料や機械装置を購買し，賃金や給料を支払い，販売や管理に必要な経費を支払い，必要な資金を調達し，また商品や製品を顧客に販売して代金を回収する。これらの企業の経済活動が厳密な意味で現金のみで行われているならば，現金基準を用いて企業の経済活動を完全に跡付けることができる。

　しかし，現在の企業活動にあっては，信用取引が大きなウエートを占めている。例えば，商品や製品を販売し，その代金を売掛金や受取手形で処理することになれば，代金を実際に受け取るまでは，資源は得意先によって使用されることになるし，また商品や材料を購入し，その代金を買掛金や支払手形で処理することになれば，代金を実際に支払うまでは，資源を使用することができる

からである。また，借入金などの債務をてこにして事業を拡大することもできる。また，期間損益計算にあたっては，減価償却費のように支出を伴わない科目も費用として計算される。

このように，現在の企業会計は，現金の収入と支出に基づいて利益または損失を計算するわけではないという点に注意が必要である。

2．発生主義と現金主義

すでに学習したように，利益または損失は，収益から費用を控除して計算される。収益および費用は，発生主義によって計算される。発生主義とは，現金の収入および支出とは無関係に，役務の提供や事実が起きた時点，すなわち，取引が実際に発生した時点で会計の計算対象とするという考え方である。これに対して，キャッシュ・フローは，現金の収入から支出を控除して計算される。キャッシュ・フローは，現金主義によって計算される。すなわち，実際に現金の収入および支出があった時点で仕訳を行い，会計の計算対象とするという考え方である。

3．損益計算書とキャッシュ・フロー計算書

損益計算書は，収入および支出とは無関係に収益や費用を計上することによって，一定期間に企業がどのくらい利益をあげたか，あるいはどのくらい損失を出したかを計算する。例えば，売掛金や受取手形によって商品を販売した場合，現金の収入は後日になるが，収益が計上される。また，買掛金や支払手形によって商品を仕入れた場合，現金の支出は後日になるが，費用が計上される。また，前述したように減価償却費などの支出を伴わない費用も期間損益計算に用いられる。したがって，利益が出ているにもかかわらず支払いのための現金が存在しない黒字倒産や，意図的に利益計算を操作する場合も考えられる。

これに対して，キャッシュ・フロー計算書は，現金の収入と支出に基づいて

計算が行われる報告書である。そのため、会計数値を操作する余地が排除される可能性が大きいと考えられている。このため、「利益は意見」、「キャッシュ・フローは事実」ともいわれ、「キャッシュ　イズ　キング」という言葉も生まれた。

4. 貸借対照表とキャッシュ・フロー計算書

　貸借対照表は、すでに学習したように、一定時点の財政状態を表す報告書である。この貸借対照表の2期間の比較によって計算されるものに財政状態変動表がある。財政状態変動表は、資金の計算書の1つである。

　財政状態の変動を表す資金の概念の1つに、正味運転資本がある。正味運転資本は、流動資産から流動負債を控除して求められる資金の概念である。流動資産には現金及び預金の他に売掛金や受取手形などの売上債権、商品や製品などの棚卸資産が含まれるため、正味運転資本はタイミング的にはすぐに現金化される資金というわけではない。

　これに対して、キャッシュ・フロー計算書は、財政状態の変動を表す資金計算書の1つであるが、資金の範囲を「現金及び現金同等物」としている点に違いがある。「現金」は、手元現金、普通預金、当座預金などを指し、「現金同等物」は、3ヵ月以内の定期預金、譲渡性預金、公社債投資信託などの簡単に換金可能で価値変動リスクが少ない短期投資を指している。

　このように、資金の範囲は異なるものの、キャッシュ・フロー計算書も資金の計算書であるから、現金及び現金同等物の2期間の差額を計算している点は財政状態変動表と変わらない。キャッシュ・フローとは、2期間のキャッシュすなわち現金及び現金同等物の差額によって計算される。換言すれば、キャッシュ・フローとは現金の収入と支出の差額である現金収支のことを指している。ただし、キャッシュ・フロー計算書は、単に2期間のキャッシュの変動を示しているわけではない。キャッシュ・フロー計算書は、2期間のキャッシュの差額が何から生まれ何に使用されているかを示している点に特徴があり、またこ

の点に意義がある。

5. 現金取引のみの場合の貸借対照表，損益計算書，キャッシュ・フロー計算書の作成

以下に示す例題1から例題4は，A君の骨董品販売の展開を示している。

A君は，フリーマーケットで骨董品の販売を始めた。店舗も机も持っていない。敷物を広げて骨董品を並べているだけである。骨董品は，その日のうちに完売するので，在庫が残ることはない。

> **例題1** 以下はA君の取引の資料である。この資料をもとに仕訳を行い，貸借対照表，損益計算書，キャッシュ・フロー計算書を作成しなさい。
> 1．A君の元手は現金¥16,500である。このうち，¥8,800を骨董品の仕入に使った。
> 2．この日の売上高は¥11,000である。売れ残りはない。代金は現金で受け取った。

《答》 仕 訳
1．（借方）仕　　　入　　8,800　　（貸方）現　　金　　8,800
2．（借方）現　　金　　11,000　　（貸方）売　　上　　11,000

1では，骨董品という商品を仕入れるために，現金が支出されたので，貸方に現金¥8,800と仕訳され，借方は現金を支出した理由として費用の勘定科目である仕入¥8,800が仕訳される。

2では，商品の骨董品の販売によって現金¥11,000が入金したので，現金の増加を示すために借方に現金¥11,000が仕訳され，貸方には現金が入ってきた理由として収益の勘定科目である売上¥11,000が仕訳される。

〈貸借対照表，損益計算書，キャッシュ・フロー計算書の作成〉
この時点で，収益から費用を引くと¥11,000－¥8,800＝¥2,200となり，¥2,200の利益が計算される。以上をもとに，貸借対照表，損益計算書，キャッ

第12章　貸借対照表，損益計算書，キャッシュ・フロー計算書の作成　　127

シュ・フロー計算書を作成すると次のようになる。

貸借対照表

現　　　金	18,700	資　本　金	16,500
		当期純利益	2,200
	18,700		18,700

ここで，現金の残高は￥16,500 −￥8,800 +￥11,000 =￥18,700 と計算される。

損益計算書

売 上 原 価	8,800	売　上　高	11,000
当期純利益	2,200		
	11,000		11,000

ここで，売上原価は勘定科目としては仕入として仕訳されていたものである。仕入れた骨董品のすべてが売れたので，￥8,800 が売れた商品をいくらで仕入れたかを示す売上原価となった。

キャッシュ・フロー計算書（直接法）

営業活動によるキャッシュ・フロー	
営業収入	11,000
仕入による支出	−8,800
営業活動によるキャッシュ・フロー	2,200
現金の増減額	2,200
現金の期首残高	16,500
現金の期末残高	18,700

　キャッシュ・フロー計算書は，2期間の現金の変動額を「現金及び現金同等物の期末残高」と「現金及び現金同等物の期首残高」によって計算し，営業活動によるキャッシュ・フロー，投資活動によるキャッシュ・フロー，財務活動によるキャッシュ・フローに分けて報告するものである。本例題では，現金同等物はないので表示を割愛している。また，商品の仕入と販売のみの取引であるため，投資活動によるキャッシュ・フローと財務活動によるキャッシュ・フ

ローはない。

　直接法は，文字通りどのような原因で収入および支出があったのかを示している報告書である。したがって，売上による収入を営業収入￥11,000，また骨董品の仕入れのために支払った支出を仕入による支出￥8,800と計上している。両者の差額￥11,000－￥8,800＝￥2,200が営業活動によるキャッシュ・フローの額であり，現金の期末残高￥18,700－現金の期首残高￥16,500＝現金の増加額￥2,200と一致している。すなわち，現金￥2,200の増加は，骨董品を仕入れてそれを販売したことによって得られたものであることを示している。

キャッシュ・フロー計算書（間接法）

営業活動によるキャッシュ・フロー	
当期純利益	2,200
営業活動によるキャッシュ・フロー	2,200
現金の増減額	2,200
現金の期首残高	16,500
現金の期末残高	18,700

　間接法は，当期純利益をもとに営業活動によるキャッシュ・フローを計算する方法である。本例題では，現金による取引であるので，収益と収入，費用と支出が一致し，収益と費用の差額は利益であると同時に収入と支出の差額である現金収支すなわちキャッシュ・フローと等しい。すなわち，当期純利益と営業活動によるキャッシュ・フロー間の違いを示す要素は何もないので，損益計算書および貸借対照表で計算された当期純利益￥2,200が営業活動によるキャッシュ・フロー￥2,200となっている。

6. 棚卸資産がある場合の貸借対照表，損益計算書，キャッシュ・フロー計算書の作成

　A君は，骨董品の販売に目処が立ったので，ある程度の在庫を抱えることにした。

第12章 貸借対照表，損益計算書，キャッシュ・フロー計算書の作成 ○── 129

例題2 以下はA君の取引の資料である。この資料をもとに仕訳を行い，貸借対照表，損益計算書，キャッシュ・フロー計算書を作成しなさい。
1．A君は，運転資本を増やすために，貯金から¥27,500を引き出した。
2．骨董品を仕入れるために現金¥38,500を支払った。
3．売上高は¥22,000であった。代金は現金で受け取った。
4．期末商品棚卸高は¥20,900である。

《答》 仕 訳

1．（借方）現　　金　27,500　　（貸方）資 本 金　27,500
2．（借方）仕　　入　38,500　　（貸方）現　　金　38,500
3．（借方）現　　金　22,000　　（貸方）売　　上　22,000
4．（借方）繰越商品　20,900　　（貸方）仕　　入　20,900

貸借対照表

現　　金	29,700	資 本 金	46,200
商　　品	20,900	当期純利益	4,400
	50,600		50,600

ここで現金の残高は¥18,700＋¥27,500－¥38,500＋¥22,000＝¥29,700と計算される。資本金は¥18,700（¥16,500＋¥2,200）＋¥27,500＝¥46,200である。

損益計算書

売 上 原 価	17,600	売 上 高	22,000
当期純利益	4,400		
	22,000		22,000

仕入れた商品の総額は¥38,000であったが，在庫として残った商品の金額は¥20,900なので，売上原価は¥38,500から¥20,900を引いた残りの¥17,600となる。

キャッシュ・フロー計算書（直接法）

営業活動によるキャッシュ・フロー	
営業収入	22,000
仕入による支出	－38,500
営業活動によるキャッシュ・フロー	－16,500
財務活動によるキャッシュ・フロー	
追加元入による収入	27,500
財務活動によるキャッシュ・フロー	27,500
現金の増減額	11,000
現金の期首残高	18,700
現金の期末残高	29,700

　本例題では，商品の仕入と販売に加えて，貯金の引き出しがあるため，営業活動によるキャッシュ・フローと財務活動によるキャッシュ・フローがある。

　直接法では，売上による収入を営業収入￥22,000としている。また仕入による支出は￥38,500である。両者の差額￥22,000－￥38,500＝￥－16,500が営業活動によるキャッシュ・フローの額である。追加元入による収入￥27,500が財務活動によるキャッシュ・フローである。営業活動によるキャッシュ・フロー￥－16,500と財務活動によるキャッシュ・フロー￥27,500の合計額￥11,000が，現金の期末残高￥29,700－現金の期首残高￥18,700＝現金の増加額￥11,000と一致している。すなわち，現金￥11,000の増加は，骨董品を仕入れてそれを販売したことによって得られたものに加えて，貯金を追加元入れしたものの合計であることがわかる。

第12章　貸借対照表，損益計算書，キャッシュ・フロー計算書の作成

キャッシュ・フロー計算書（間接法）

営業活動によるキャッシュ・フロー	
当期純利益	4,400
棚卸資産の増加	−20,900
営業活動によるキャッシュ・フロー	−16,500
財務活動によるキャッシュ・フロー	
追加元入による収入	27,500
財務活動によるキャッシュ・フロー	27,500
現金の増減額	11,000
現金の期首残高	18,700
現金の期末残高	29,700

　間接法は，当期純利益をもとに営業活動によるキャッシュ・フローを計算する方法であるので，まず当期純利益¥4,400が記入される。本例題では，商品販売の収入¥22,000と仕入のための支出¥38,500の差額¥−16,500は，当期純利益と一致しない。その理由は，仕入れた商品のすべてが販売されていないために売上原価となっていないからである。売上原価は損益計算書のところで説明したように，仕入のための支出¥38,500から売れ残りを示す期末商品棚卸高¥20,900を引いた残りの¥17,600であるからである。したがって，当期純利益は売上高¥22,000−売上原価¥17,600＝¥4,400となる。しかし，商品の仕入のためにこの¥20,900はすでに支払われているのであるから，営業活動によるキャッシュ・フローを計算するためには，売上原価の計算から外された¥20,900を控除する必要がある。というのは，売上原価から控除されることによって当期純利益が多く計算されているからである。したがって，営業活動によるキャッシュ・フローは¥4,400−¥20,900＝¥−16,500となる。この棚卸資産の増減は，運転資本の変動を示す要素の1つである。

7. 固定資産，債務がある場合の貸借対照表，損益計算書，キャッシュ・フロー計算書の作成

A君は，商売にある程度の自信を持ったのと，学生時代の友人が融資をしてもよいというので，思い切って簡単な店舗を持つことにした。

例題3 以下はA君の取引の資料である。この資料をもとに仕訳を行い，貸借対照表，損益計算書，キャッシュ・フロー計算書を作成しなさい。
1．A君は，運転資本を増やすために，貯金から¥49,500を引き出した。
2．骨董品を仕入れるために¥70,000を現金で支払った。
3．友人から無利子で¥264,000を借りた。
4．簡易店舗は¥264,000である。代金は現金で支払った。減価償却費は¥1,400である。
5．売上高は¥33,000である。代金は現金で受け取った。
6．期末商品棚卸高は¥65,900である。

《答》 仕 訳

1．	(借方)	現　　　金	49,500	(貸方)	資　本　金	49,500
2．	(借方)	仕　　　入	70,000	(貸方)	現　　　金	70,000
3．	(借方)	現　　　金	264,000	(貸方)	借　入　金	264,000
4．	(借方)	建　　　物	264,000	(貸方)	現　　　金	264,000
		減価償却費	1,400		減価償却累計額	1,400
5．	(借方)	現　　　金	33,000	(貸方)	売　　　上	33,000
6．	(借方)	仕　　　入	20,900	(貸方)	繰越商品	20,900
		繰越商品	65,900		仕　　　入	65,900

例題6の仕訳は，仕入勘定で売上原価を計算するためのものである。当期の仕入高¥70,000に，前期仕入れて在庫として持っていた¥20,900を足し，その中から当期に販売しなかった¥65,900を引くと，売り上げた商品をいくらで買ったかが計算できる。

¥70,000＋¥20,900－¥65,900＝¥25,000，これが売上原価となり，当期の在庫の額は¥20,900から¥65,900に訂正される。

貸借対照表

現　　　金		42,200	借　入　金	264,000
商　　　品		65,900	資　本　金	100,100
建　　　物	264,000		当期純利益	6,600
減価償却累計額	1,400	262,600		
		370,700		370,700

ここで現金の残高を計算すると，前期からの繰越高¥29,700＋¥49,500－¥70,000＋¥264,000－¥264,000＋¥33,000＝¥42,200となる。資本金は期首資本額¥50,600（¥46,200＋¥4,400）＋¥49,500＝¥100,100となる。

損益計算書

売 上 原 価	25,000	売　上　高	33,000
減価償却費	1,400		
当期純利益	6,600		
	33,000		33,000

前述したように仕入れた商品の総額は¥70,000であったが，売上原価は¥25,000である。在庫として残った商品の金額は¥65,900なので，売上原価は前期から繰り越された¥20,900に当期の仕入高¥70,000を加えて，¥65,900を引いた残りの¥25,000となる。費用はこの他に減価償却費¥1,400が計上される。

キャッシュ・フロー計算書（直接法）

営業活動によるキャッシュ・フロー	
営業収入	33,000
仕入による支出	−70,000
営業活動によるキャッシュ・フロー	−37,000
投資活動によるキャッシュ・フロー	
簡易店舗の購入	−264,000
投資活動によるキャッシュ・フロー	−264,000
財務活動によるキャッシュ・フロー	
追加元入による収入	49,500
借入金	264,000
財務活動によるキャッシュ・フロー	313,500
現金の増減額	12,500
現金の期首残高	29,700
現金の期末残高	42,200

　本例題では，商品の仕入と販売，貯金の引き出し，借入金に加えて，店を購入したため，営業活動によるキャッシュ・フローと財務活動によるキャッシュ・フローに加えて投資活動によるキャッシュ・フローがある。

　直接法では，売上による収入を営業収入¥33,000としている。また仕入による支出は¥70,000である。両者の差額¥33,000−¥70,000＝¥−37,000が営業活動によるキャッシュ・フローの額である。簡易店舗の購入金額は¥264,000であるので，貸借対照表に建物¥264,000と計上されるが，同時に投資活動によるキャッシュ・フローとして¥−264,000が計上される。財務活動によるキャッシュ・フローは，追加元入による収入¥49,500の他に借入金による¥264,000の合計¥313,500である。営業活動によるキャッシュ・フロー¥−37,000と投資活動によるキャッシュ・フロー¥−264,000と財務活動によるキャッシュ・フロー¥313,500の合計額¥12,500が，現金の期末残高¥42,200−現金の期首残高¥29,700＝現金の増加額¥12,500と一致している。すなわち，現金¥12,500の増加は，骨董品を仕入れてそれを販売したことによって得られたものに簡易店舗の購入のための支出を控除し，さらに貯金を追加元入れした金額と借入金を合計したものであることがわかる。

<u>キャッシュ・フロー計算書（間接法）</u>

営業活動によるキャッシュ・フロー	
当期純利益	6,600
減価償却費	1,400
棚卸資産の増加	－45,000
営業活動によるキャッシュ・フロー	－37,000
投資活動によるキャッシュ・フロー	
簡易店舗の購入	－264,000
投資活動によるキャッシュ・フロー	－264,000
財務活動によるキャッシュ・フロー	
追加元入による収入	49,500
借入金	264,000
財務活動によるキャッシュ・フロー	313,500
現金の増減額	12,500
現金の期首残高	29,700
現金の期末残高	42,200

　すでに述べたように間接法は，当期純利益をもとに営業活動によるキャッシュ・フローを計算する方法であるので，まず当期純利益￥6,600が記入される。本例題では，商品販売の収入￥33,000と仕入のための支出￥70,000の差額￥－37,000は，当期純利益と一致しない。その理由は，仕入れた商品のすべてが販売されていないために売上原価となっていないことに加えて，減価償却費という支出を伴わない費用があるためである。当期純利益は，売上高￥33,000－売上原価￥25,000－減価償却費￥1,400＝￥6,600と計算される。営業活動によるキャッシュ・フローを計算するためには，まず，減価償却費控除前の当期純利益を計算するために，当期純利益￥6,600に減価償却費￥1,400を加える。次に，売上原価を計算するために除かれた棚卸資産の増加額￥45,000（期末商品棚卸高￥65,900－期首商品棚卸高￥20,900）を当期純利益から控除する。当期の仕入支出額は￥70,000であるが，売上原価は￥25,000であるため，差額の￥45,000だけ当期純利益が多く計算されているためである。

8．売掛金，買掛金がある場合の貸借対照表，損益計算書，キャッシュ・フロー計算書の作成

A君は，ビジネス・チャンスを広げるために，現金取引だけでなく，掛の取引を始めた。

例題4 以下はA君の取引の資料である。この資料をもとに仕訳を行い，貸借対照表，損益計算書，キャッシュ・フロー計算書を作成しなさい。

1．骨董品¥38,500を販売し，代金は現金で受け取った。
2．在庫を増やすために，骨董品¥35,200を仕入れ，代金は現金で支払った。
3．骨董品¥12,500を掛で販売した。
4．骨董品¥33,000を掛で仕入れた。
5．借入金¥11,000を現金で返済した。
6．減価償却費は¥1,400である。
7．期末商品棚卸高は¥100,400である。

《答》　仕　訳

1．(借方)	現　　　金	38,500	(貸方)	売　　　上	38,500
2．(借方)	仕　　　入	35,200	(貸方)	現　　　金	35,200
3．(借方)	売　掛　金	12,500	(貸方)	売　　　上	12,500
4．(借方)	仕　　　入	33,000	(貸方)	買　掛　金	33,000
5．(借方)	借　入　金	11,000	(貸方)	現　　　金	11,000
6．(借方)	減価償却費	1,400	(貸方)	減価償却累計額	1,400
7．(借方)	仕　　　入	65,900	(貸方)	繰越商品	65,900
	繰越商品	100,400		仕　　　入	100,400

例題3の仕訳の売掛金は資産に属する勘定科目で，販売した商品の代金を後日受け取る権利を示している。例題4の仕訳の買掛金は負債に属する勘定科目で，仕入れた商品の代金を後日支払う債務を示している。例題7の仕訳は，仕

入勘定で売上原価を計算するためのものである。当期の仕入高¥68,200に，前期仕入れて在庫として持っていた¥65,900を足し，その中から当期に販売しなかった¥100,400を引くと，売り上げた商品をいくらで買ったかが計算できる。

¥68,200＋¥65,900−¥100,400＝33,700，これが売上原価である。それと同時に，当期の在庫の額は，¥65,900から¥100,400に訂正される。

貸借対照表

現　　金		34,500	買　掛　金	33,000
売　掛　金		12,500	借　入　金	253,000
商　　品		100,400	資　本　金	106,700
建　　物	264,000		当期純利益	15,900
減価償却累計額	2,800	261,200		
		408,600		408,600

ここで現金の残高は，前期からの繰越高¥42,200＋¥38,500−¥35,200−¥11,000＝¥34,500と計算される。

損益計算書

売上原価	33,700	売　上　高	51,000
減価償却費	1,400		
当期純利益	15,900		
	51,000		51,000

前述したように仕入れた商品の総額は¥68,200であったが，売上原価は¥33,700である。在庫として残った商品の金額は¥100,400なので，売上原価は前期から繰り越された¥65,900に当期の仕入高¥68,200を加えて，¥100,400を引いた残りの¥33,700となる。費用はこの他に減価償却費¥1,400が計上される。

キャッシュ・フロー計算書（直接法）

営業活動によるキャッシュ・フロー	
営業収入	38,500
仕入による支出	−35,200
営業活動によるキャッシュ・フロー	3,300
財務活動によるキャッシュ・フロー	
借入金の返済	−11,000
財務活動によるキャッシュ・フロー	−11,000
現金の増減額	−7,700
現金の期首残高	42,200
現金の期末残高	34,500

　本例題では，商品の仕入と販売に掛取引が加わった。また，借入金の返済を行っている。直接法では，売上による収入を営業収入￥38,500としている。また仕入による支出は￥35,200である。両者の差額￥38,500−￥35,200＝￥3,300が営業活動によるキャッシュ・フローの額である。財務活動によるキャッシュ・フローは，借入金の返済が￥11,000あるが，支出であるので￥−11,000となる。営業活動によるキャッシュ・フロー￥3,300と財務活動によるキャッシュ・フロー￥−11,000の合計額￥−7,700が，現金の期末残高￥34,500−現金の期首残高￥42,200＝現金の減少額￥7,700と一致している。すなわち，現金￥7,700の減少は，骨董品を仕入れてそれを販売したことによって得られたものに借入金の返済のための支出を控除したものであることがわかる。

第12章 貸借対照表，損益計算書，キャッシュ・フロー計算書の作成　　139

キャッシュ・フロー計算書（間接法）

営業活動によるキャッシュ・フロー	
当期純利益	15,900
減価償却費	1,400
棚卸資産の増加	-34,500
売掛金の増加	-12,500
買掛金の増加	33,000
営業活動によるキャッシュ・フロー	3,300
財務活動によるキャッシュ・フロー	
借入金の返済	-11,000
財務活動によるキャッシュ・フロー	-11,000
現金の増減額	-7,700
現金の期首残高	42,200
現金の期末残高	34,500

　すでに述べたように間接法は，当期純利益をもとに営業活動によるキャッシュ・フローを計算する方法であるので，まず当期純利益￥15,900 が記入される。本例題では，商品販売の収入￥38,500 と仕入のための支出￥35,200 の差額￥3,300 は，当期純利益と一致しない。その理由は，仕入れた商品のすべてが販売されていないために売上原価となっていないこと，減価償却費という支出を伴わない費用があることに加えて，売掛金と買掛金があるためである。当期純利益は，売上高￥51,000－売上原価￥33,700－減価償却費￥1,400＝￥15,900 と計算される。営業活動によるキャッシュ・フローを計算するためには，まず，減価償却費控除前の当期純利益を計算するために，当期純利益￥15,900 に減価償却費￥1,400 を加える。次に，売上原価を計算するために除かれた棚卸資産の増加額￥34,500（期末商品棚卸高￥100,400－期首商品棚卸高￥65,900）を当期純利益から控除する。当期の仕入額は現金支出額￥35,200＋掛仕入額￥33,000＝￥68,200 であるが，売上原価は￥33,700 であるため，差額の￥34,500 だけ当期純利益が多く計算されているためである。次に，売掛金の増加分￥12,500 だけ現金収入がないにもかかわらず売上高が増加し，その分だけ営業活動によるキャッシュ・フローよりも当期純利益が増加しているため，￥12,500 を控除する。

さらに，買掛金の増加分¥33,000だけ現金支出がないにもかかわらず当期仕入高に加算され，売上原価に含まれてその分だけ営業活動によるキャッシュ・フローよりも当期純利益が減少しているため，¥33,000を加える。

問題

問　次の資料から貸借対照表，損益計算書，キャッシュ・フロー計算書（直接法），キャッシュ・フロー計算書（間接法）を作成しなさい。

前期末勘定残高：

　　現金　¥42,000　　商品¥65,000　　建物¥260,000　　減価償却累計額　¥1,400
　　借入金　¥264,000　　資本金　¥101,600

当期取引：

1．商品¥42,000を販売し，代金を現金で受け取った。
2．商品¥35,000を仕入れ，代金は現金で支払った。
3．商品¥12,000を掛で販売した。
4．商品¥33,000を掛で仕入れた。
5．借入金¥11,000を現金で返済した。
6．減価償却費は¥1,400である。
7．期末商品棚卸高は¥100,000である。

第13章
会計情報の読み方（その1）

1. 有価証券報告書の概要

　企業は，ステークホルダーに各種の報告書を発行している。企業のステークホルダーとは，取引先，従業員，株主，投資家，債権者，経営者，税務当局など，企業に利害関係のある企業内外の関係者のことである。この企業のステークホルダーに対する報告書の一つに有価証券報告書がある。有価証券報告書は，金融商品取引法に基づいて，一定の様式に従って企業間の比較が可能であるように作成されており，EDINET（Electronic Disclosure for Investors' NETwork）によってインターネット上において自由に閲覧することができる。また，ダウンロードして各社の業績を容易に比較することができる。

　有価証券報告書の主な項目は，業種や企業によって若干の違いがあるが，以下のようになっている。

第一部　企業情報
　第1　企業の概況
　　1　主要な経営指標等の推移
　　2　沿革
　　3　事業の内容
　　4　関係会社の状況
　　5　従業員の状況
　第2　事業の状況
　　1　業績等の概要

2　生産，受注及び販売の状況
　　3　経営方針，経営環境及び対処すべき課題等
　　4　事業等のリスク
　　5　経営上の重要な契約等
　　6　研究開発活動
　　7　財政状態，経営成績及びキャッシュ・フローの状況の分析
　第3　設備の状況
　　1　設備投資等の概要
　　2　主要な設備の状況
　　3　設備の新設，除却等の計画
　第4　提出会社の状況
　　1　株式等の状況
　　2　自己株式の取得等の状況
　　3　配当政策
　　4　株価の推移
　　5　役員の状況
　　6　コーポレート・ガバナンスの状況
　第5　経理の状況
　　1　連結財務諸表等
　　2　財務諸表等
　第6　提出会社の株式事務の概要
　第7　提出会社の参考情報
　　1　提出会社の親会社等の情報
　　2　その他の参考情報
第二部　提出会社の保証会社等の情報
監査報告書

　以上のように，有価証券報告書には，売上高や利益などの会計情報のほか

に，事業の内容，従業員の状況，対処すべき課題，事業のリスク，コーポレート・ガバナンスの状況などが含まれている。本章では，株式会社オリエンタルランド（以下「オリエンタルランド」という）の平成29年3月期の有価証券報告書を取り上げ，業績や経営計画など会計情報に関係のある部分に焦点を当てる。

2．オリエンタルランドの有価証券報告書

（1）事業の内容

　事業の内容については，「第一部　企業情報」の「第1　企業の概況」の「3　事業の内容」に記載されている。

　オリエンタルランドは，昭和35年に設立された。「東京ディズニーランド」の開業は昭和58年，「東京ディズニーシー」の開業は平成13年である。平成29年3月期現在で，オリエンタルランド・グループは，連結子会社16社などを含めて22社から構成されている。

　事業の内容は，テーマパークの経営・運営，ホテルの経営・運営，ショッピングモールの経営・運営，モノレールの経営・運営などである。

	主な事業内容	主要な関係会社等
テーマパーク	テーマパークの経営・運営	（株）オリエンタルランドほか7社
ホテル	ホテルの経営・運営	（株）ミリアルリゾートホテルズほか3社
その他	イクスピアリの経営・運営 モノレールの経営・運営ほか	（株）イクスピアリ （株）舞浜リゾートラインほか4社

（2）経営成績

　経営成績については，「第2　事業の状況」の「1　業績等の概要」に「（1）業績」として次のように記載されている。なお，以下では，有価証券報告書の表現を一部改めて示している。

　『当社グループにおいては，上半期の悪天候に加え，東京ディズニーシーでヴィランズをテーマとした「ディズニー・ハロウィーン」が2年目を迎えた

ことなどによりテーマパーク入園者数が減少したものの，ゲスト1人当たり売上高がチケット価格改定などに伴い増加したことにより，当期の業績は，売上高 477,748 百万円（前期比 2.7％増），営業利益 113,152 百万円（同 5.4％増），経常利益 114,611 百万円（同 4.9％増），親会社株主に帰属する当期純利益 82,374 百万円（同 11.4％増）となった。』

ここに記載されている売上高，入園者数の状況は，「第一部　企業情報」の「第2　事業の状況」の「2　販売の状況」に以下のように記載されている。

販売の状況

	平成29年3月期	前期比（％）
テーマパーク（百万円）	394,215	102.5
ホテル（百万円）	66,144	104.7
その他（百万円）	17,388	98.9
合計（百万円）	477,748	102.7

東京ディズニーランド及び東京ディズニーシーの入園者数

	平成29年3月期	前期比（％）
入園者数（千人）	30,004	99.4

また，営業利益，経常利益，親会社株主に帰属する当期純利益については，「7　財政状態，経営成績及びキャッシュ・フローの状況の分析」の中にも，次のように記載されている。

（営業利益）

『売上高が増加したことに加えて，商品原価率が減少したことなどから，営業利益は 113,152 百万円（前期比 5.4％増）となった。』

（経常利益）

『営業利益の増加などにより，経常利益は 114,611 百万円（前期比 4.9％増）となった。』

（親会社株主に帰属する当期純利益）

『法人税等が減少したことなどから，親会社株主に帰属する当期純利益は

82,374百万円（前期比11.4％増）となった。』

　上記の記述内容は，連結損益計算書に記載されている項目である。次に，これらの項目が連結損益計算書にどのように記載されているかを確認する。なお，単位が百万円であるため，計算上の都合で丸め誤差が生じている。

（3）連結損益計算書
　連結損益計算書は，次のような構造になっている。

売上高
ー　売上原価
売上総利益
ー　販売費及び一般管理費
営業利益
＋　営業外収益
ー　営業外費用
経常利益
＋　特別利益
ー　特別損失
税金等調整前当期純利益
ー　法人税等合計
当期純利益
ー　非支配株主に帰属する当期純利益
親会社株主に帰属する当期純利益

①　売上高，売上原価，売上総利益
　売上高から売上原価を控除して売上総利益が計算される。

(単位:百万円)

	平成28年3月期	平成29年3月期
売上高	465,353	477,748
売上原価	294,217	299,543
売上総利益	171,135	178,204

② **販売費及び一般管理費,営業利益**

売上総利益から販売費及び一般管理費を控除して営業利益が計算される。

(単位:百万円)

	平成28年3月期	平成29年3月期
売上総利益	171,135	178,204
販売費及び一般管理費	63,778	65,052
営業利益	107,357	113,152

販売費及び一般管理費は,注記に「販売費及び一般管理費のうち主要な費目及び金額」として平成28年3月期は給料・手当13,550百万円,消耗品費6,132百万円,平成29年3月期は給料・手当13,586百万円,消耗品費6,582百万円と表示されているが,その他の費目として役員報酬,広告及び販売促進費,販売手数料,業務委託費,減価償却費などが考えられる。

③ **営業外収益,営業外費用,経常利益**

営業利益に営業外収益を加え,営業外費用を控除して経常利益が計算される。

(単位:百万円)

	平成28年3月期	平成29年3月期
営業利益	107,357	113,152
営業外収益	2,986	2,480
営業外費用	1,129	1,021
経常利益	109,214	114,611

営業外収益には，平成28年3月期は受取利息575百万円，受取配当金629百万円，受取保険金・保険配当金475百万円などがあり，平成29年3月期は受取利息339百万円，受取配当金652百万円，受取保険金・保険配当金524百万円などがある。

営業外費用には，平成28年3月期は支払利息217百万円，支払手数料532百万円，固定資産除却損77百万円などがある。

④ **特別利益**

特別利益は，平成28年3月期に投資有価証券売却益130百万円がある。

⑤ **特別損失**

特別損失は，平成28年3月期に関係会社株式売却損210百万円がある。

⑥ **税金等調整前当期純利益**

経常利益に特別利益を加え，特別損失を控除して税金等調整前当期純利益が計算される。

(単位：百万円)

	平成28年3月期	平成29年3月期
経常利益	109,214	114,611
特別利益	130	−
特別損失	210	−
税金等調整前当期純利益	109,135	114,611

⑦ **当期純利益**

税金等調整前当期純利益から法人税等合計を控除して当期純利益が計算される。法人税等合計は，法人税，住民税及び事業税と法人税等調整額から成る。

(単位:百万円)

	平成28年3月期	平成29年3月期
税金等調整前当期純利益	109,135	114,611
法人税,住民税及び事業税	34,518	31,788
法人税等調整額	687	449
法人税等合計	35,206	32,237
当期純利益	73,928	82,374

⑧ 非支配株主に帰属する当期純利益,親会社株主に帰属する当期純利益

当期純利益から非支配株主に帰属する当期純利益を控除して,親会社株主に帰属する当期純利益が計算される。オリエンタルランドの場合は,連結子会社は100%子会社であるので,非支配株主に帰属する当期純利益はない。

(単位:百万円)

	平成28年3月期	平成29年3月期
当期純利益	73,928	82,374
親会社株主に帰属する当期純利益	73,928	82,374

(4) キャッシュ・フローの状況

キャッシュ・フローについては,「第2 事業の状況」の「1 業績等の概要」に「(2) キャッシュ・フロー」として次のように記載されている。

『当連結会計年度における現金及び現金同等物の期末残高は,財務活動によるキャッシュ・フローが減少したものの,営業活動によるキャッシュ・フロー及び投資活動によるキャッシュ・フローが増加したことから,141,801百万円(前期比55,164百万円増)となった。』
(営業活動によるキャッシュ・フロー)

『営業活動によるキャッシュ・フローは117,611百万円(前期比6,700百万円増)となった。前期に比べ,収入が増加した要因は,税金等調整前当期純利益

が増加したことなどによる。』
（投資活動によるキャッシュ・フロー）
　『投資活動によるキャッシュ・フローは△33,631百万円（前期比85,122百万円増）となった。前期に比べ，支出が減少した要因は，定期預金の払戻による収入が増加したことなどによる。』
（財務活動によるキャッシュ・フロー）
　『財務活動によるキャッシュ・フローは△28,788百万円（前期比16,973百万円減）となった。前期に比べ，支出が増加した要因は，自己株式の取得による支出が増加したことなどによる。』

　上記の記述内容は連結キャッシュ・フロー計算書に記載されている項目である。次に，これらの項目が連結キャッシュ・フロー計算書にどのように記載されているかを確認する。
　なお，単位が百万円であるために，計算上の都合で丸め誤差が生じている。

（5）連結キャッシュ・フロー計算書
　連結キャッシュ・フロー計算書は，営業活動によるキャッシュ・フロー，投資活動によるキャッシュ・フロー，財務活動によるキャッシュ・フローに分けられる。営業活動によるキャッシュ・フローは次のように計算される。

①　営業活動によるキャッシュ・フロー
　営業活動によるキャッシュ・フローは，本業によるキャッシュ・フローと投資活動および財務活動に含まれないキャッシュ・フローから成る。以下の表は，営業活動によるキャッシュ・フローの計算構造を示している。

	税金等調整前当期純利益
+	減価償却費
	・・・・・・・・・・・
−	受取利息及び受取配当金
+	支払利息
	・・・・・・・・・・・
+/−	売上債権の増減額（−は増加）
+/−	棚卸資産の増減額（−は増加）
+/−	仕入債務の増減額（−は減少）
	・・・・・・・・・・・
	小計
+	利息及び配当金の受取額
−	利息の支払額
−	法人税等の支払額
	営業活動によるキャッシュ・フロー

　ここで，小計より上は，税金等調整前当期純利益を本業によるキャッシュ・フローに計算し直すための部分であり，小計より下は，利息・配当金の受取額，利息の支払額，法人税等の支払額など投資活動および財務活動に含まれないキャッシュ・フローを原因別に示している部分である。

(単位:百万円)

	平成28年3月期	平成29年3月期
税金等調整前当期純利益	109,135	114,611
減価償却費	35,982	38,280
受取利息及び受取配当金	△1,204	△992
支払利息	217	210
売上債権の増減額(△は増加)	△1,001	6,868
棚卸資産の増減額(△は増加)	205	△135
仕入債務の増減額(△は減少)	△1,399	△1,215
その他	3,370	△5,427
小計	145,304	152,203
利息及び配当金の受取額	1,158	1,241
利息の支払額	△217	△210
法人税等の支払額	△35,334	△35,623
営業活動によるキャッシュ・フロー	110,910	117,611

② **投資活動によるキャッシュ・フロー**

　投資活動によるキャッシュ・フローは，固定資産の取得および売却，有価証券の取得および売却，貸付の実行および回収などの投資活動に関するキャッシュ・フローに加えて，現金同等物にならない預入期間が3ヶ月を超える定期預金の預入および払戻を原因別に示している。以下の表は，投資活動によるキャッシュ・フローの計算構造を示している。

−	定期預金の預入による支出
+	定期預金の払戻による収入
−	有価証券の取得による支出
+	有価証券の売却による収入
−	有形固定資産の取得による支出
+	有形固定資産の売却による収入
	・・・・・・・・・・・
	・・・・・・・・・・・
投資活動によるキャッシュ・フロー	

(単位：百万円)

	平成28年3月期	平成29年3月期
定期預金の預入による支出	△170,500	△188,500
定期預金の払戻による収入	95,000	213,000
有価証券の取得による支出	△29,000	△25,998
有価証券の償還による収入	32,999	23,999
有形固定資産の取得による支出	△33,839	△48,199
有形固定資産の売却による収入	19	35
その他	△13,433	△7,967
投資活動によるキャッシュ・フロー	△118,754	△33,631

③ **財務活動によるキャッシュ・フロー**

　財務活動によるキャッシュ・フローは，借入れによる収入，借入金の返済による支出，自己株式の売却による収入，自己株式の取得による支出，配当の支払額など，資金の調達と返済などの財務活動に関するキャッシュ・フローを原因別に示している。以下の表は，財務活動によるキャッシュ・フローの計算構造を示している。

```
+    短期借入れによる収入
−    短期借入金の返済による支出
+    長期借入れによる収入
−    長期借入金の返済による支出
+    株式の発行による収入
−    自己株式の取得による支出
−    配当金の支払額
     ・・・・・・・・・・
財務活動によるキャッシュ・フロー
```

(単位:百万円)

	平成28年3月期	平成29年3月期
長期借入れによる収入	3,850	7,850
長期借入金の返済による支出	△4,577	△4,374
配当金の支払額	△11,666	△11,611
自己株式の取得による支出	△22	△25,234
自己株式の売却による収入	620	4,585
その他	△17	△2
財務活動によるキャッシュ・フロー	△11,814	△28,788

④ **現金及び現金同等物の増減額・期首残高・期末残高**

　営業活動によるキャッシュ・フロー，投資活動によるキャッシュ・フロー，財務活動によるキャッシュ・フローの計算に続けて現金及び現金同等物の増減額，現金及び現金同等物の期首残高，現金及び現金同等物の期末残高等が示される。現金及び現金同等物に係る換算差額を除けば，現金及び現金同等物の期末残高から現金及び現金同等物の期首残高を控除した現金及び現金同等物の増減額が，営業活動によるキャッシュ・フロー，投資活動によるキャッシュ・フロー，財務活動によるキャッシュ・フローに分けられて示されている。

	+/− 現金及び現金同等物に係る換算差額
	現金及び現金同等物の増減額
	現金及び現金同等物の期首残高
	現金及び現金同等物の期末残高

(単位：百万円)

	平成 28 年 3 月期	平成 29 年 3 月期
現金及び現金同等物に係る換算差額	15	△26
現金及び現金同等物の増減額（△は減少）	△19,642	55,164
現金及び現金同等物の期首残高	106,279	86,636
現金及び現金同等物の期末残高	86,636	141,801

(6) 財政状態

　財政状態については，「第 2　事業の状況」の「7　財政状態，経営成績及びキャッシュ・フローの状況の分析」「(1) 財政状態」として次のように記載されている。

(資産)

　『当連結会計年度末の資産の部合計は，849,798 百万円（前期末比 4.9% 増）となった。流動資産は，現金及び預金の増加などにより，319,069 百万円（前期末比 8.6% 増）となった。固定資産は，有形固定資産の増加などにより，530,728 百万円（前期末比 2.7% 増）となった。』

(負債)

　『当連結会計年度末の負債の部合計は，180,282 百万円（前期末比 2.7% 減）となった。流動負債は，前受金の減少などにより，111,103 百万円（前期末比 6.7% 減）となった。固定負債は，長期借入金の増加などにより，69,179 百万円（前期末比 4.4% 増）となった。』

（純資産）

『当連結会計年度末の純資産の部合計は，利益剰余金の増加などにより，669,515百万円（前期末比7.1%増）となり，自己資本比率は78.8%（同1.7ポイント増）となった。』

上記の記述内容は連結貸借対照表に記載されている項目である。次に，これらの項目が連結貸借対照表にどのように記載されているかを確認する。なお，単位が百万円であるため，計算上の都合で丸め誤差が生じている。

（7）連結貸借対照表

連結貸借対照表は，次のような構造になっており，期末の残高を示している。

資産の部
流動資産
固定資産
資産合計
負債の部
流動負債
固定負債
負債合計
純資産の部
株主資本
その他の包括利益累計額
純資産合計
負債純資産合計

① 流動資産

流動資産は，現金及び預金，受取手形及び売掛金，有価証券，商品及び製品などから成っている。

(単位:百万円)

	平成28年3月31日	平成29年3月31日
現金及び預金	209,138	263,801
受取手形及び売掛金	25,740	18,874
有価証券	32,999	10,999
商品及び製品	10,206	9,874
貸倒引当金	△2	△1
その他	15,646	15,518
流動資産合計	293,728	319,069

② **固定資産**

固定資産は,有形固定資産,無形固定資産,投資その他の資産に分けられる。有形固定資産には,建物,機械装置,土地などがある。無形固定資産には,のれんなどがある。投資その他の資産には,投資有価証券などがある。

(単位:百万円)

	平成28年3月31日	平成29年3月31日
建物及び構築物	645,113	661,920
減価償却累計額	△370,373	△386,805
機械装置及び運搬具	258,317	257,646
減価償却累計額	△227,531	△229,893
土地	110,391	115,082
その他	23,135	34,024
有形固定資産合計	439,052	451,974

(単位:百万円)

	平成28年3月31日	平成29年3月31日
のれん	495	247
その他	10,429	9,328
無形固定資産合計	10,925	9,576

(単位:百万円)

	平成28年3月31日	平成29年3月31日
投資有価証券	55,440	57,535
その他	11,121	11,642
投資その他の資産合計	66,562	69,178

	平成28年3月31日	平成29年3月31日
固定資産合計	516,540	530,728
資産合計	810,268	849,798

③ **流動負債**

流動負債は，支払手形及び買掛金，1年以内返済予定の長期借入金などから成る。

(単位:百万円)

	平成28年3月31日	平成29年3月31日
支払手形及び買掛金	18,723	17,498
1年以内返済予定の長期借入金	4,257	4,760
その他	96,441	88,843
流動負債合計	119,095	111,103

④ **固定負債**

固定負債は，社債，長期借入金などから成る。

(単位:百万円)

	平成28年3月31日	平成29年3月31日
社債	50,000	50,000
長期借入金	2,842	5,814
その他	13,389	13,363
固定負債合計	66,231	69,179

負債合計	185,327	180,282

⑤ 株主資本

株主資本は，資本金，資本剰余金，利益剰余金などから成る。

(単位：百万円)

	平成 28 年 3 月 31 日	平成 29 年 3 月 31 日
資本金	63,201	63,201
資本剰余金	111,911	111,911
利益剰余金	480,925	551,630
その他	△ 46,721	△ 70,464
株主資本合計	609,317	656,279

⑥ その他の包括利益累計額

その他の包括利益累計額は，その他有価証券評価差額金などから成る。

(単位：百万円)

	平成 28 年 3 月 31 日	平成 29 年 3 月 31 日
その他有価証券評価差額金	14,362	12,405
その他	1,262	830
その他の包括利益累計額合計	15,624	13,235

純資産合計	624,941	669,515
負債純資産合計	810,268	849,798

> [問 題]
>
> 問　有価証券報告書からどのようなことを知ることができるか述べなさい。

第14章
財務諸表の読み方（その2）

1．時系列分析

　財務諸表から企業活動についての情報を得ようとする場合に，1企業の1期間の財務諸表の数値の大きさを単に見るよりも，数期間の財務諸表の数値を比較する方が多くの情報を得ることができる。このように数期間にわたって比較する方法を時系列分析という。

　本章では，オリエンタルランドの平成29年度3月期の有価証券報告書の「第一部　企業情報」の「第1　企業の概況」「1　主要な経営指標等の推移（1）連結経営指標等」に記載されている5期間のデータを使って時系列分析を行い，オリエンタルランドの業績の推移を概観する。

2．売上高の推移

　次の表は，オリエンタルランドの平成25年3月期から平成29年3月期までの売上高の推移である。

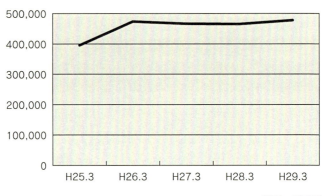

図表 14-1　売上高の推移

(単位：百万円)

	H25.3	H26.3	H27.3	H28.3	H29.3
売上高	395,526	473,572	466,291	465,353	477,748

　売上高は，図表 14-1 にあるように，平成 25 年 3 月期から平成 26 年 3 月期に 395,526 百万円から 473,572 百万円に大きく増加している。以下では，売上高の推移を有価証券報告書「第一部　企業情報」の「第 2　事業の概況　第 7　経営成績の分析」によって概観する。

(平成 25 年 3 月期)

　図表 14-1 は平成 25 年 3 月期がスタート期であり，売上高は 395,526 百万円と 5 期間の中では最も低い数値になっているが，前期比 9.9% 増（平成 24 年 3 月期の売上高は 360,060 百万円）である。それについてオリエンタルランドは，『両テーマパークのスペシャルイベントや新規アトラクションが好調であったことなどから，テーマパーク入園者数及びゲスト 1 人当たり売上高が増加し，ともに過去最高となった』と説明している。

(平成 26 年 3 月期)

　平成 26 年 3 月期の売上高は，473,572 百万円（前期比 19.7% 増）であり，『東京ディズニーリゾート 30 周年イベントが好調に推移したことなどから，テー

マパーク入園者数及びゲスト1人当たり売上高が増加し，ともに過去最高となった』と説明している。
（平成27年3月期）
　平成27年3月期の売上高は，466,291百万円（前期比1.5%減）であり，『新規プロダクトや2つのテーマパークのスペシャルイベントなどが好調であったことから，テーマパーク入園者数は過去最高となった一方で，東京ディズニーリゾート30周年の翌年であることに伴いゲスト1人当たり売上高が減少した』と説明している。
（平成28年3月期）
　平成28年3月期の売上高は，465,353百万円（前期比0.2%減）であり，『テーマパークにおけるゲスト1人当たり売上高がチケット価格改定に伴い増加したものの，テーマパーク入園者数が前期を下回った』と説明している。
（平成29年3月期）
　平成29年3月期の売上高は，477,748百万円（前期比2.7%増）であり，『テーマパーク入園者数が前期を下回ったものの，テーマパークにおけるゲスト1人当たり売上高がチケット価格改定に伴い増加した』と説明している。

　以上のように，売上高は，入園者数と1人当たり売上高を掛けて求められるので，この2つの要因が売上高の増加に影響を与えていることがわかる。

3．経常利益の推移

　次の表は，オリエンタルランドの平成25年3月期から平成29年3月期までの経常利益の推移である。

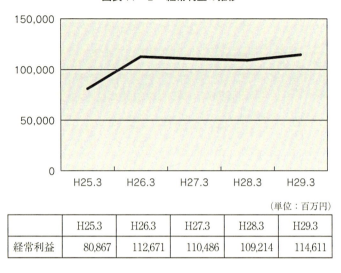

図表14-2　経常利益の推移

(単位：百万円)

	H25.3	H26.3	H27.3	H28.3	H29.3
経常利益	80,867	112,671	110,486	109,214	114,611

　経常利益は，図表14-2にあるように，平成25年3月期から平成26年3月期に80,867百万円から112,671百万円に大きく増加している。以下では，経常利益の推移を有価証券報告書「第一部　企業情報」の「第2　事業の概況　第7　経営成績の分析」によって概観する。

(平成25年3月期)

　図表14-2は平成25年3月期がスタート期であり，経常利益は80,867百万円と5期間の中では最も低い数値になっているが，前期比22.1％増(平成24年3月期の経常利益66,232百万円)である。それについてオリエンタルランドは，営業利益の増加などによると説明している。営業利益の増加については，平成23年3月11日に発生した東日本大震災によって休止していた営業を通常に戻したことに伴い，『準社員労働時間などの人件費や，施設更新関連費や販促活動費などの固定経費・諸経費といったコストが増加したものの，売上高が増加したことにより，営業利益は81,467百万円(前期比21.7％増)となった』と説明している。

(平成26年3月期)

　平成26年3月期の経常利益は，112,671百万円（前期比39.3%増）である。それについてオリエンタルランドは，営業利益の増加などによると説明している。営業利益の増加については，『準社員労働時間などの人件費や，東京ディズニーリゾート30周年関連コストなどの固定経費・諸経費が増加したものの，売上高が増加したことにより，営業利益は114,491百万円（前期比40.5%増）となった』と説明している。

(平成27年3月期)

　平成27年3月期の経常利益は，110,486百万円（前期比1.9%減）である。それについてオリエンタルランドは，営業利益の減少などによると説明している。営業利益の減少については，『売上高が減少したことに加えて商品・飲食原価率が増加したことなどから，営業利益は110,605百万円（前期比3.4%減）となった』と説明している。

(平成28年3月期)

　平成28年3月期の経常利益は，109,214百万円（前期比1.2%減）である。それについてオリエンタルランドは，営業利益の減少などによると説明している。営業利益の減少については，『売上高が減少したことに加えて，商品原価率及び飲食原価率や，大型投資案件費用などの諸経費が増加したことなどから，営業利益は107,357百万円（前期比2.9減）となった』と説明している。

(平成29年3月期)

　平成29年3月期の経常利益は，114,611百万円（前期比4.9%増）である。

　それについてオリエンタルランドは，営業利益の増加などによると説明している。営業利益の増加については，『売上高が増加したことに加えて，商品原価率が減少したことなどから，営業利益は113,152百万円（前期比5.4%増）となった』と説明している。

　以上のように，経常利益の増減は，営業利益の増減に影響を受けていることがわかる。営業利益の増減は，売上高の増減に影響を受けていることがわかる。

4．親会社株主に帰属する当期純利益の推移

次の表は，オリエンタルランドの平成 25 年 3 月期から平成 29 年 3 月期までの親会社株主に帰属する当期純利益の推移である。

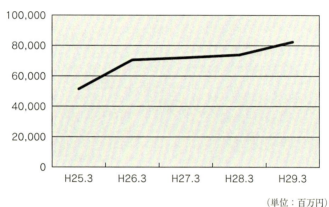

図表 14－3　親会社株主に帰属する当期純利益の推移

(単位：百万円)

	H25.3	H26.3	H27.3	H28.3	H29.3
当期純利益	51,484	70,571	72,063	73,928	82,374

親会社株主に帰属する当期純利益は，図表 14－3 にあるように，平成 25 年 3 月期から平成 26 年 3 月期に 51,484 百万円から 70,571 百万円に，また平成 28 年 3 月期から平成 29 年 3 月期に 73,928 百万円から 82,374 百万円に大きく増加している。以下では，親会社株主に帰属する当期純利益の推移を有価証券報告書「第一部　企業情報」の「第 2　事業の概況　第 7　経営成績の分析」によって概観する。

(平成 25 年 3 月期)

図表 14－3 は平成 25 年 3 月期がスタート期であり，親会社株主に帰属する当期純利益は 51,484 百万円と 5 期間の中では最も低い数値になっているが，

前期比 60.3％ 増（平成 24 年 3 月期は 32,113 百万円）である。それについてオリエンタルランドは，経常利益の増加などによると説明している。
(平成 26 年 3 月期)
　平成 26 年 3 月期の親会社株主に帰属する当期純利益は，70,571 百万円（前期比 37.1％ 増）である。それについてオリエンタルランドは，経常利益の増加などによると説明している。
(平成 27 年 3 月期)
　平成 27 年 3 月期の親会社株主に帰属する当期純利益は，72,063 百万円（前期比 2.1％ 増）である。それについてオリエンタルランドは，法人税等が減少したことなどによると説明している。
(平成 28 年 3 月期)
　平成 28 年 3 月期の親会社株主に帰属する当期純利益は，73,928 百万円（前期比 2.61％ 増）である。それについてオリエンタルランドは，法人税等が減少したことなどによると説明している。
(平成 29 年 3 月期)
　平成 29 年 3 月期の親会社株主に帰属する当期純利益は，82,374 百万円（前期比 11.4％ 増）である。それについてオリエンタルランドは，法人税等の減少などによると説明している。

　以上のように，オリエンタルランドの場合，特別利益と特別損失は，平成 28 年 3 月期に特別利益が 130 百万円，特別損失が 210 百万円あるだけであるので，親会社に帰属する当期純利益に対する影響としては，経常利益と法人税等のみがあげられている。

5. キャッシュ・フローの推移

(1) 営業活動によるキャッシュ・フローの推移

次の表は，オリエンタルランドの平成25年3月期から平成29年3月期までの営業活動によるキャッシュ・フローの推移である。

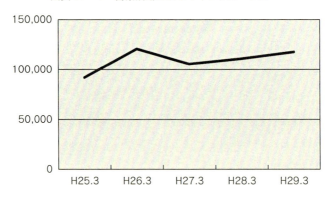

図表14-4　営業活動によるキャッシュ・フロー

(単位：百万円)

	H25.3	H26.3	H27.3	H28.3	H29.3
営業CF	91,982	120,674	105,513	110,910	117,611

　営業活動によるキャッシュ・フローは，図表14-4にあるように，平成25年3月期から平成26年3月期に増加し，平成27年3月期に一度減少しているが，その後，平成28年3月期，平成29年3月期と増加している。以下では，営業活動によるキャッシュ・フローの推移を有価証券報告書「第一部　企業情報」の「第2　事業の概況　第7　キャッシュ・フローの分析」によって概観する。

(平成25年3月期)

　図表14-4は平成25年3月期がスタート期であり，営業活動によるキャッ

シュ・フローは，91,982百万円と5期間の中では最も低い数値になっているが，前期比1.8%増（平成24年3月期は90,327百万円）である。それについてオリエンタルランドは，主たる営業活動によるキャッシュ・フローの増加などにより前期比1,655百万円増となったと説明している。

(平成26年3月期)

平成26年3月期の営業活動によるキャッシュ・フローは，120,674百万円（前期比31.2%増）である。それについてオリエンタルランドは，主たる営業活動によるキャッシュ・フローの増加などにより前期比28,692百万円増となったと説明している。

(平成27年3月期)

平成27年3月期の営業活動によるキャッシュ・フローは，105,513百万円（前期比12.6%減）である。それについてオリエンタルランドは，法人税等の支払額の増加などにより前期比15,161百万円減となったと説明している。

(平成28年3月期)

平成28年3月期の営業活動によるキャッシュ・フローは，110,910百万円（前期比5.1%増）である。それについてオリエンタルランドは，法人税等の支払額の減少などにより前期比5,397百万円増となったと説明している。

(平成29年3月期)

平成29年3月期の営業活動によるキャッシュ・フローは，117,611百万円（前期比6.0%増）である。それについてオリエンタルランドは，税金等調整前当期純利益が増加したことなどにより前期比6,700百万円増となったと説明している。

営業活動によるキャッシュ・フローの計算要素の中で，影響が大きいものは，税金等調整前当期純利益，減価償却費，法人税等の支払額である。中でも税金等調整前当期純利益と減価償却費の合計額が営業活動によるキャッシュ・フローに大きく影響を及ぼしており，次いで法人税等の支払額の影響が大きいといえる。

(2) 投資活動によるキャッシュ・フローの推移

次の表は、オリエンタルランドの平成 25 年 3 月期から平成 29 年 3 月期までの投資活動によるキャッシュ・フローの推移である。

図表 14－5　投資活動によるキャッシュ・フロー

（単位：百万円）

	H25.3	H26.3	H27.3	H28.3	H29.3
投資ＣＦ	－45,377	－23,356	－68,100	－118,754	－33,631

投資活動によるキャッシュ・フローは、図表 14－5 にあるように、平成 25 年 3 月期から平成 26 年 3 月期に増加し、平成 26 年 3 月期から平成 28 年 3 月期に減少し、平成 29 年 3 月期に増加している。以下では、投資活動によるキャッシュ・フローの推移を有価証券報告書「第一部　企業情報」の「第 2　事業の概況　第 7　キャッシュ・フローの分析」によって概観する。

（平成 25 年 3 月期）

図表 14－5 は平成 25 年 3 月期がスタート期であり、投資活動によるキャッシュ・フローは、△45,377 百万円である。それについてオリエンタルランドは、定期預金の払戻による収入が増加したことなどから前期比 28,336 百万円増（平成 24 年 3 月期は△73,713 百万円）となったと説明している。支出が投資を示しているので、投資額としては、38.4％の減少である。

第14章 財務諸表の読み方（その2） ○── 169

（平成26年3月期）

　平成26年3月期の投資活動によるキャッシュ・フローは，△23,356百万円である。それについてオリエンタルランドは，有形固定資産の取得による支出が減少したことなどから前期比22,020百万円増となったと説明している。支出が投資を示しているので，投資額としては，48.5%の減少である。

（平成27年3月期）

　平成27年3月期の投資活動によるキャッシュ・フローは，△68,100百万円である。それについてオリエンタルランドは，有形固定資産の取得による支出の増加などから前期比44,743百万円減となったと説明している。支出が投資を示しているので，投資額としては，191.6%の増加である。

（平成28年3月期）

　平成28年3月期の投資活動によるキャッシュ・フローは，△118,754百万円である。それについてオリエンタルランドは，定期預金の預入による支出の増加などから前期比50,653百万円減となったと説明している。支出が投資を示しているので，投資額としては，74.4%の増加である。

（平成29年3月期）

　平成29年3月期の投資活動によるキャッシュ・フローは，△33,631百万円である。それについてオリエンタルランドは，定期預金の払戻による収入の増加などから前期比85,122百万円増となったと説明している。支出が投資を示しているので，投資額としては，71.7%の減少である。

　以上のように，投資活動によるキャッシュ・フローは，原因別に収入と支出を知ることができる。また，増減の変動率が大きいことがわかる。

（3）財務活動によるキャッシュ・フローの推移

　次の表は，オリエンタルランドの平成25年3月期から平成29年3月期までの財務活動によるキャッシュ・フローの推移である。

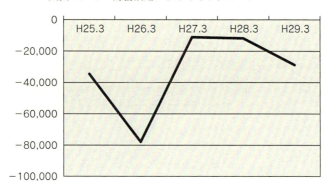

図表14-6　財務活動によるキャッシュ・フロー

(単位：百万円)

	H25.3	H26.3	H27.3	H28.3	H29.3
財務ＣＦ	-34,515	-77,868	-11,107	-11,814	-28,788

　財務活動によるキャッシュ・フローは，図表14-6にあるように，平成25年3月期から平成26年3月期に減少し，平成26年3月期から平成28年3月期に増加し，平成29年3月期に減少している。以下では，財務活動によるキャッシュ・フローの推移を有価証券報告書「第一部　企業情報」の「第2　事業の概況　第7　キャッシュ・フローの分析」によって概観する。
(平成25年3月期)
　図表14-6は平成25年3月期がスタート期であり，財務活動によるキャッシュ・フローは，△34,515百万円である。それについてオリエンタルランドは，長期借入れによる収入の減少等などから前期比31,029百万円減（平成24年3月期は△3,485百万円）となったと説明している。支出額としては，890.4％の増加である。
(平成26年3月期)
　平成26年3月期の財務活動によるキャッシュ・フローは，△77,868百万円である。それについてオリエンタルランドは，社債の償還による支出が増加したことなどから前期比43,353百万円減となったと説明している。支出額とし

ては，125.6％の増加である。
（平成27年3月期）
　平成27年3月期の財務活動によるキャッシュ・フローは，△11,107百万円である。それについてオリエンタルランドは，社債の発行による収入の増加などから前期比66,761百万円増となったと説明している。支出額としては，85.7％の減少である。
（平成28年3月期）
　平成28年3月期の財務活動によるキャッシュ・フローは，△11,814百万円である。それについてオリエンタルランドは，社債の発行による収入がなかった分が前期と異なる点であり，前期比707百万円減となったと説明している。支出額としては，6.4％の増加である。
（平成29年3月期）
　平成29年3月期の財務活動によるキャッシュ・フローは，△28,788百万円である。それについてオリエンタルランドは，自己株式の取得による支出が増加したことなどから前期比16,973百万円減となったと説明している。支出額としては，143.7％の増加である。

　以上のように，財務活動によるキャッシュ・フローは，投資活動によるキャッシュ・フローと同様に原因別に収入と支出を示している。また，増減の変動率は投資活動によるキャッシュ・フローよりも大きいことがわかる。

問　題

問　営業利益と経常利益の違いについて説明しなさい。

第15章
財務諸表の読み方（その3）

1．クロスセクション分析

　企業の経営活動は複式簿記のシステムによって，貸借対照表，損益計算書，キャッシュ・フロー計算書などの財務諸表に会計情報としてまとめられる。

　前章では，オリエンタルランドの会計情報を時系列分析によって概観した。本章では，オリエンタルランドとハウステンボス株式会社（以下「ハウステンボス」という）の会計情報をクロスセクション分析によって概観する。

　クロスセクション分析とは，同一の時点で，他の要素と比較する方法をいい，本章では，オリエンタルランドとハウステンボスの平成28年度の会計情報を使用して，両社の収益性，効率性などを概観する。

2．ROE（自己資本利益率）の比較

　前述したように，貸借対照表，損益計算書，キャッシュ・フロー計算書からは，それぞれ財政状態，経営成績，資金状況についての会計情報を得ることができる。さらに，これらの会計情報から収益性，効率性などについての情報を得ることができる。

　ROE（Return On Equity）は，自己資本利益率と訳され，平成26年8月の伊藤レポート（経済産業省「持続的成長への競争力とインセンティブ～企業と投資家の望ましい関係構築～」プロジェクト「最終報告書」）の公表以来，経営指標としてROE 8％以上が求められている。

　ROEは，次のように計算される。

ROE＝親会社株主に帰属する当期純利益÷自己資本×100（％）

　また，ROEは，収益性の指標である売上高当期純利益率，効率性の指標である総資産回転率，安全性の指標である財務レバレッジに分解することができる。すなわち，

ROE＝売上高当期純利益率（％）×総資産回転率（回）×財務レバレッジ（倍）
　　＝（当期純利益÷売上高）×（売上高÷総資産）×（総資産÷自己資本）

と分解することができる。

　このようにROEは，3つの要素に分解することによって，ROEの変動要因として，売上高当期純利益率が高いのかあるいは低いのか，総資産回転率が高いのかあるいは低いのか，財務レバレッジが高いのかあるいは低いのかが判断できることになり，経営を改善する方向性を知るために利用することができる財務指標である。

3．オリエンタルランドとハウステンボスの比較

（1）会社概要の比較

　図表15－1は，ホームページ（平成30年3月）によるオリエンタルランドと

図表15－1　オリエンタルランドとハウステンボスの会社概要

	オリエンタルランド	ハウステンボス
設　立	昭和35年（1960年）	平成4年（1992年）
資本金	632億112万7千円	15億円
従業員数	正社員　　3,361名 準社員　18,528名	1,235名
本　社	千葉県浦安市	長崎県佐世保市
事業内容	テーマパークの経営・運営及び不動産賃貸等	パーク事業，ホテル＆リゾート事業，レストラン事業，発電・売電等エネルギー関連事業

ハウステンボスの会社概要の比較である。

以上のように，オリエンタルランドとハウステンボスは，企業の規模にかなりの差があるが，ROEとその構成要素ではどのような違いがあるかを概観する。

（2）会計期間と会計報告書

本章で使用する会計データは，オリエンタルランドに関しては，有価証券報告書の連結貸借対照表，連結損益計算書のデータを使用した。ハウステンボスに関しては，非上場会社であるため有価証券報告書がないので，決算公告から連結貸借対照表（要旨），連結損益計算書（要旨）のデータを使用した。

決算期間は，オリエンタルランドは4月から3月まで，ハウステンボスは10月から9月までであり，会計期間が異なる。そのため，平成28年度のデータとして，オリエンタルランドは平成29年3月期のデータを使用し，ハウステンボスは平成28年9月期のデータを使用した。なお，ハウステンボスの連結財務諸表は，平成28年9月期からであるので，平成27年9月期のデータを使用することができない。したがって，自己資本，総資産は，オリエンタルランド，ハウステンボスとも，期首と期末の平均額を計算することができず，平成28年度単年度のデータを使用して計算している。

（3）オリエンタルランドとハウステンボスの主要な経営指標の比較

次の表は，オリエンタルランドとハウステンボスの主要な経営指標の比較で

図表15-2　オリエンタルランドとハウステンボスの主要な経営指標

（単位：百万円）

	オリエンタルランド	ハウステンボス
売上高	477,748	31,880
経常利益	114,611	6,183
親会社株主に帰属する当期純利益	82,374	2,733
純資産額	669,515	30,581
総資産額	849,798	39,823

ある。

図表15-2から明らかなように,オリエンタルランドとハウステンボスの規模の違いは圧倒的であり,売上高で約15倍,経常利益で約19倍,親会社株主に帰属する当期純利益で約30倍,純資産額で約22倍,総資産額で約21倍の差がある。

(4) ROEの比較

図表15-3は,オリエンタルランドとハウステンボスのROEを比較したグラフである。

図表15-3　オリエンタルランドとハウステンボスのROE

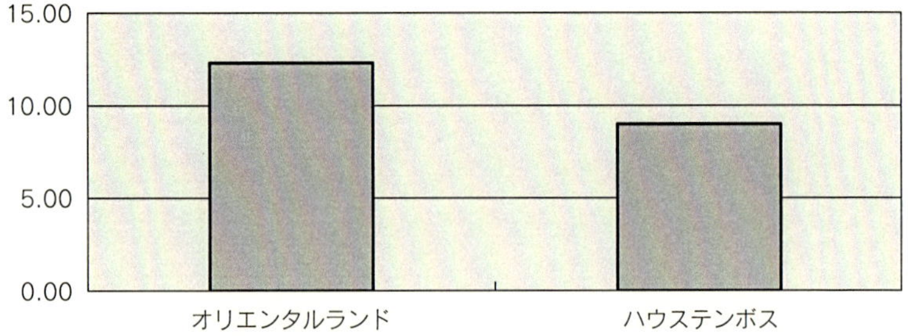

(単位:%)

	平成28年度
オリエンタルランド	12.30
ハウステンボス	9.00

(単位:%)

		平成28年度
オリエンタルランド	親会社株主に帰属する当期純利益	82,374
	自己資本	669,515
ハウステンボス	親会社株主に帰属する当期純利益	2,733
	自己資本	30,364

平成28年度のオリエンタルランドのROEは12.30%であり、ハウステンボスのROEは9.00である。したがって、オリエンタルランドの方がハウステンボスよりも大きいが、両社とも前述した伊藤レポートの水準8%をクリアしていることがわかる。

(5) 売上高当期純利益率の比較

図表15-4は、オリエンタルランドとハウステンボスの売上高当期純利益率を比較したグラフである。

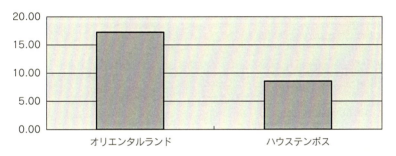

図表15-4 オリエンタルランドとハウステンボスの売上高当期純利益率

(単位:%)

	平成28年度
オリエンタルランド	17.24
ハウステンボス	8.57

(単位:%)

		平成28年度
オリエンタルランド	親会社株主に帰属する当期純利益	82,374
	売上高	477,748
ハウステンボス	親会社株主に帰属する当期純利益	2,733
	売上高	31,880

平成28年度のオリエンタルランドの売上高当期純利益率は17.24%であり，ハウステンボスの売上高当期純利益率は8.57%であるので，オリエンタルランドの方がハウステンボスよりも収益性が良いということができる。特に，オリエンタルランドはROE12.30%よりも売上高当期純利益率の方が17.24%と大きいので，売上高当期純利益率の大きさがROEの大きさに寄与しているといえる。

（6）オリエンタルランドとハウステンボスの総資産回転率の比較

図表15-5は，オリエンタルランドとハウステンボスの総資産回転率を比較したグラフである。

図表15-5　オリエンタルランドとハウステンボスの総資産回転率

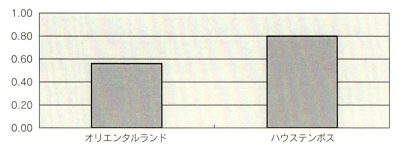

（単位：%）

	平成28年度
オリエンタルランド	0.56
ハウステンボス	0.80

（単位：%）

		平成28年度
オリエンタルランド	売上高	477,748
	総資産	848,798
ハウステンボス	売上高	31,880
	総資産	39,823

平成28年度のオリエンタルランドの総資産回転率は0.56回であり,ハウステンボスの総資産回転率は0.80回であるので,ハウステンボスの方がオリエンタルランドよりも効率性は良いということができる。しかしながら,両社とも売上高は総資産を下回っており,特に,オリエンタルランドの売上高は総資産の約2分の1にとどまっている。

(7) オリエンタルランドとハウステンボスの財務レバレッジの比較

図表15-6は,オリエンタルランドとハウステンボスの財務レバレッジを比較したグラフである。

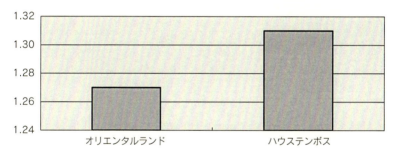

図表15-6　オリエンタルランドとハウステンボスの財務レバレッジ

(単位:%)

	平成28年度
オリエンタルランド	1.27
ハウステンボス	1.31

(単位:%)

		平成28年度
オリエンタルランド	総資産	848,798
	自己資本	669,515
ハウステンボス	総資産	39,823
	自己資本	30,364

平成28年度のオリエンタルランドの財務レバレッジは1.27倍であり，ハウステンボスの財務レバレッジは1.31倍であるので，ハウステンボスの方がオリエンタルランドよりも倍率が若干高いが，両社の数値はほぼ同じといえる。両社とも，負債に対する依存度は低く，財務レバレッジのROEに対する影響は低いといえる。

図表15－7　平成28年度のROEとその3要素の比較

ROE（％）	オリエンタルランド（12.30）　＞　ハウステンボス（9.00）
売上高当期純利益率（％）	オリエンタルランド（17.24）　＞　ハウステンボス（8.57）
総資産回転率（回）	オリエンタルランド（0.56）　＜　ハウステンボス（0.80）
財務レバレッジ（倍）	オリエンタルランド（1.27）　≒　ハウステンボス（1.31）

　図表15－7の平成28年度のオリエンタルランドとハウステンボスのROEとその3要素の比較から，収益性については規模の大きいオリエンタルランドが規模の小さいハウステンボスを大きく上回っており，逆に効率性については規模の小さいハウステンボスが規模の大きいオリエンタルランドよりも良いということがわかる。また，ROEの大きさについては，総資産回転率と財務レバレッジの影響は小さく，収益性の影響が大きく，収益性を重視した経営を重視していると考えることができよう。

問　題

　問　ROEとその3要素は経営指標としてどのような意義を持つのか説明しなさい。

解答編

第1章 会計情報の作成と複式簿記

p. 2 問 省略。テキスト参照。
p. 4 問 省略。テキスト参照。
p. 9 問 1．慣習，公正妥当，会計処理，報告
　　　　　2．財政状態，真実な報告
　　　　　3．正規の簿記，会計帳簿
　　　　　4．損益取引，利益剰余金
　　　　　5．継続，変更
　　　　　6．財務諸表，会計記録，表示
p. 11 問 省略。テキスト参照。
p. 16 問 1．A 2．A 3．L 4．L 5．R 6．E 7．E 8．A
　　　　　9．N 10．A 11．E 12．A 13．A 14．A 15．E 16．E
p. 17 問 1．○ 2．× 3．× 4．○ 5．× 6．○ 7．○ 8．○
　　　　　9．○ 10．× 11．○ 12．○
p. 21 問1 1．e 2．c 3．a 4．d 5．b 6．g 7．f
p. 22 問2 1．資産の増加－資産の減少
　　　　　2．負債の減少－資産の減少
　　　　　3．資産の増加－純資産（資本）の増加
　　　　　4．資産の増加－収益の発生
　　　　　5．費用の発生－資産の減少
　　　　　6．資産の増加－負債の増加
p. 22 問3 1．c 2．b 3．a 4．d
p. 22 問4 1．資産の増加－資産の減少・負債の増加
　　　　　2．資産の増加－純資産（資本）の増加
　　　　　3．負債の減少・費用の発生－資産の減少
　　　　　4．資産の増加－資産の減少・収益の発生
　　　　　5．費用の発生－資産の減少
　　　　　6．負債の減少－資産の減少

p. 29 問

	借　　　方	貸　　　方
5/16	現　　金　300,000	借　入　金　300,000
20	備　　品　100,000	現　　金　100,000

```
                    現          金
    5/16  借 入 金  300,000  │  5/20  備   品  100,000
```

第2章　取引の仕訳（その1）

p. 32 問

	借　　　方	貸　　　方
1	商　　品　　　200,000	現　　金　　　200,000
2	現　　金　　　230,000	商　　品　　　200,000 商品売買益　　　30,000

p. 35 問

	借　　　方	貸　　　方
1	当座預金　　1,000,000	現　　金　　1,000,000
2	買 掛 金　　　100,000	当座預金　　　100,000
3	現　　金　　　120,000	売 掛 金　　　120,000
4	当座預金　　　150,000	売 掛 金　　　150,000
5	当座預金　　　140,000	売 掛 金　　　140,000

p. 37 問

	借　　　方	貸　　　方
1	商　　品　　　80,000	買 掛 金　　　80,000
2	現　　金　　　160,000	売 掛 金　　　160,000
3	買 掛 金　　　80,000	当座預金　　　80,000

p. 38 問

	借 方		貸 方	
1	貸倒損失	500,000	売掛金	500,000
2	貸倒損失	300,000	売掛金	300,000

p. 42 問

	借 方		貸 方	
1	有価証券	1,260,000	当座預金	1,260,000
2	当座預金	650,000	有価証券 有価証券売却益	630,000 20,000
3	現 金	297,000	有価証券 有価証券売却益	294,000 3,000

p. 43 問

	借 方		貸 方	
1	土 地 備 品	1,000,000 500,000	資本金	1,500,000
2	資本金	30,000	現 金	30,000

第3章 決 算

p. 50 問1　ア．元帳の勘定記録　イ．損益計算書　ウ．貸借対照表
　　　　　エ．決算の予備手続き　オ．決算の本手続き　カ．決算の報告
　　　　　キ．損益勘定　ク．収益　ケ．残高　コ．損益勘定　サ．純利益
　　　　　シ．純損失　ス．純利益　セ．純損失　ソ．資本金　タ．純資産（資本）

p. 50 問2

	借 方		貸 方	
1	損 益	75,000	給 料	75,000
2	損 益	48,000	資本金	48,000

第4章 試算表

p.56 問1

合計残高試算表
〇年6月30日

借方 残高	借方 合計	元丁	勘定科目	貸方 合計	貸方 残高
2,485,000	2,860,000	1	現　　金	375,000	
90,000	250,000	2	売　掛　金	160,000	
210,000	1,480,000	3	商　　品	1,270,000	
	185,000	4	買　掛　金	1,380,000	1,195,000
		5	借　入　金	1,100,000	1,100,000
		6	資　本　金	550,000	550,000
		7	商品売買益	130,000	130,000
190,000	190,000	8	給　　料		
2,975,000	4,965,000			4,965,000	2,975,000

p.57 問2

残高試算表
〇年7月31日

借方 正しい残高	借方 残高	元丁	勘定科目	貸方 残高	貸方 正しい残高
120,000	120,000	1	現　　金		
179,000		2	売　掛　金	179,000	
190,000	190,000	3	商　　品		
		4	買　掛　金	141,000	141,000
	130,000	5	借　入　金		130,000
	282,000	6	資　本　金		282,000
		7	商品売買益	156,000	156,000
	13,000	8	受取手数料		13,000
218,500	218,500	9	給　　料		
1,700		10	光　熱　費	1,700	
11,200	11,200	11	通　信　費		
1,600		12	支払利息	1,600	
722,000	964,700			479,300	722,000

第5章 精算表（その1）

p.62 問

精算表

勘定科目	元丁	試算表 借方	試算表 貸方	損益計算書 借方	損益計算書 貸方	貸借対照表 借方	貸借対照表 貸方
現　　　金	1	170,000				170,000	
売　掛　金	2	220,000				220,000	
商　　　品	3	310,000				310,000	
備　　　品	4	210,000				210,000	
買　掛　金	5		270,000				270,000
借　入　金	6		320,000				320,000
資　本　金	7		100,000				100,000
商品売買益	8		388,000		388,000		
受取手数料	9		112,000		112,000		
給　　　料	10	160,000		160,000			
広　告　料	11	120,000		120,000			
（　　　）				220,000			220,000
		1,190,000	1,190,000	500,000	500,000	910,000	910,000

第9章 取引の仕訳（その2）

p.77 問

	借　方		貸　方	
1	仕　入	270,000	買掛金	270,000
2	買掛金	24,000	仕　入	24,000
3	売掛金	230,000	売　上	230,000
4	売　上	9,500	売掛金	9,500
5	仕　入	367,500	買掛金 現　金	360,000 7,500
6	売掛金 発送費	220,000 4,800	売　上 現　金	220,000 4,800
7	売掛金	305,000	売　上 現　金	300,000 5,000

または

7	売掛金	300,000	売　上	300,000
	立替金	5,000	現　金	5,000

p. 79　問

	借　　　方		貸　　　方	
1	現金過不足	4,000	現　　金	4,000
2	交 通 費	4,000	現金過不足	4,000
3	現　　金	100,000	現金過不足	100,000
4	現金過不足	100,000	受 取 家 賃	100,000

p. 83　問

	借　　　方		貸　　　方	
10/ 4	当座預金	400,000	現　　金	400,000
6	仕　　入	410,000	当座預金	400,000
			当座借越	10,000
11	当座借越	10,000	売　　上	300,000
	当座預金	290,000		
16	買 掛 金	620,000	現　　金	280,000
			当座預金	290,000
			当座借越	50,000
21	備　　品	250,000	当座借越	250,000
29	当座借越	260,000	売 掛 金	260,000

p. 89　問

	借　　　方		貸　　　方	
刈谷商店	当 座 預 金	100,000	手形借入金	100,000
瀬戸商店	手形貸付金	100,000	現　　金	100,000

p.94 問

	借方		貸方	
1	未 収 金	50,400,000	有 価 証 券 有価証券売却益	42,000,000 8,400,000
2	備 品	120,000	未 収 金	120,000
3	前 払 金	30,000	現 金	30,000
4	仕 入	300,000	前 払 金 買 掛 金	30,000 270,000
5	現 金	15,000	前 受 金	15,000
6	前 受 金 売 掛 金	15,000 135,000	売 上	150,000
7	現 金	1,000,000	借 入 金	1,000,000
8	借 入 金 支 払 利 息	1,000,000 40,000	当 座 預 金	1,040,000
9	現 金	520,000	貸 付 金 受 取 利 息	500,000 20,000
10	従業員立替金	60,000	現 金	60,000
11	給 料	220,000	従業員立替金 現 金	60,000 160,000
12	給 料	220,000	従業員預り金 現 金	3,000 217,000
13	従業員預り金	3,000,000	現 金	3,000,000
14	仮 払 金	20,000	現 金	20,000
15	当 座 預 金	60,000	仮 受 金	60,000
16	旅 費 現 金 仮 受 金	16,000 4,000 60,000	仮 払 金 売 掛 金	20,000 60,000

p. 96 問

	借　　　方	貸　　　方
1	現　　　金　　120,000	受取配当金　　120,000
2	有価証券　　980,000	現　　　金　　980,000
3	現　　　金　　25,000	有価証券利息　　25,000

p. 98 問

	借　　　方	貸　　　方
1	建　　　物　　30,200,000	当座預金　　30,000,000 現　　　金　　200,000
2	土　　　地　　16,550,000	当座預金　　16,350,000 現　　　金　　200,000

第10章　決　算(その2)

p. 100　問　省略。テキスト参照。

p. 114　問1

売上原価を求めるための仕訳

仕　　　入	120,000	繰越商品	120,000
繰越商品	140,000	仕　　　入	140,000

売上原価 = 2,500,000 + 120,000 − 140,000 = 2,480,000

商品売買益を求めるための仕訳

損　　　益	2,480,000	仕　　　入	2,480,000
売　　　上	3,250,000	損　　　益	3,250,000

商品売買益 = 3,250,000 − 2,480,000 = 770,000

p. 114　問2

1	貸倒引当金繰入　　20,000	貸倒引当金　　20,000
2	貸倒損失　　100,000	売掛金　　100,000
3	貸倒損失　　100,000	売掛金　　100,000
4	貸倒引当金　　20,000 貸倒損失　　80,000	売掛金　　100,000

p. 114 問 3

| 1 | 備　　品 | 200,000 | 当座預金 | 200,000 |
| 2 | 減価償却費 | 36,000 | 備　　品 | 36,000 |

p. 114 問 4

		借　　方		貸　　方
11. 4. 1	現　　金	1,800,000	受取家賃	1,800,000
12.31	受取家賃	450,000	前受家賃	450,000
12. 1. 1	前受家賃	450,000	受取家賃	450,000
6. 1	保険料	60,000	現　　金	60,000
12.31	前払保険料	25,000	保険料	25,000
13. 1. 1	保険料	25,000	前払保険料	25,000
6. 1	消耗品費	20,000	現　　金	20,000
12.31	消耗品	6,000	消耗品費	6,000
1. 1	消耗品費	6,000	消耗品	6,000

p. 114 問 5

		借　　方		貸　　方
11.12.31	未払家賃	150,000	受取家賃	150,000
12. 1. 1	受取家賃	150,000	未収家賃	150,000
2.10	現　　金	150,000	受取家賃	150,000
12.31	支払地代	200,000	未払地代	200,000
13. 1. 1	未払地代	200,000	支払地代	200,000
14. 1.25	支払地代	200,000	現　　金	200,000

第11章 精算表(その2)

p. 122 問

精　算　表　　　　　　　　　（単位：千円）

	試算表		整理記入		損益計算書		貸借対照表	
	借方	貸方	借方	貸方	借方	貸方	借方	貸方
現　　　　　金	171						171	
当　座　預　金	280						280	
売　　掛　　金	95						95	
繰　越　商　品	50		135	50			135	
備　　　　　品	200						200	
借　　入　　金		200						200
買　　掛　　金		80						80
貸　倒　引　当　金		2		1.8				3.8
減価償却累計額		18		9				27
資　　本　　金		400						400
売　　　　　上		960				960		
仕　　　　　入	720		50	135	635			
給　　　　　料	109				109			
支　払　家　賃	14				14			
広　告　宣　伝　費	12				12			
雑　　　　　費	9				9			
貸倒引当金繰入			1.8		1.8			
減　価　償　却　費			9		9			
当　期　純　利　益					170.2			170.2
	1,660	1,660	195.8	195.8	960	960	881	881

第12章 貸借対照表，損益計算書，キャッシュ・フロー計算書の作成

p. 140 問

当期取引の仕訳

	借　　方		貸　　方	
1	現　　　金	42,000	売　　　上	42,000
2	仕　　　入	35,000	現　　　金	35,000
3	売　掛　金	12,000	売　　　上	12,000
4	仕　　　入	33,000	買　掛　金	33,000
5	借　入　金	11,000	現　　　金	11,000
6	減価償却費	1,400	減価償却累計額	1,400
7	仕　　　入 繰越商品	65,000 100,000	繰越商品 仕　　　入	65,000 100,000

貸借対照表

現　　　金		38,000	買　掛　金	33,000
売　掛　金		12,000	借　入　金	253,000
商　　　品		100,000	資　本　金	101,600
建　　　物	260,000		当期純利益	19,600
減価償却累計額	2,800	257,200		
		407,200		407,200

損益計算書

売上原価	33,000	売上高	54,000
減価償却費	1,400		
当期純利益	19,600		
	54,000		54,000

キャッシュ・フロー計算書（間接法）

営業活動によるキャッシュ・フロー	
当期純利益	19,600
減価償却費	1,400
売掛金の増加	－12,000
棚卸資産の増加	－35,000
買掛金の増加	33,000
営業活動によるキャッシュ・フロー	7,000
財務活動によるキャッシュ・フロー	
借入金の返済	－11,000
財務活動によるキャッシュ・フロー	－11,000
現金の増減額	－4,000
現金の期末残高	42,000
現金の期首残高	38,000

キャッシュ・フロー計算書（直接法）

営業活動によるキャッシュ・フロー	
営業収入	42,000
仕入による支出	－35,000
営業活動によるキャッシュ・フロー	7,000
財務活動によるキャッシュ・フロー	
借入金の返済	－11,000
財務活動によるキャッシュ・フロー	－11,000
現金の増減額	－4,000
現金の期末残高	42,000
現金の期首残高	38,000

第13章　会計情報の読み方（その1）

p. 158　問　省略。テキスト参照。

第14章　財務諸表の読み方（その2）

p. 171　問　省略。テキスト参照。

第15章　財務諸表の読み方（その3）

p. 180　問　省略。テキスト参照。

索　引

A−Z

ROE ……………………………… 173, 176
T勘定 ………………………………… 25

ア

預り金（勘定）……………………… 91
受取地代 ……………………………… 15
受取手形（勘定）………………… 83, 84
受取手数料 …………………………… 15
受取配当金（勘定）………………… 95
受取家賃 ……………………………… 15
受取利息 ……………………………… 15
売上 ……………………………… 15, 74
　──原価 ………………………… 73, 145
　──諸掛 ……………………………… 75
　──総利益 …………………… 101, 145
売上高 …………………………… 145, 159
　──当期純利益率 ………………… 177
売上返品 ……………………………… 76
売上戻り ……………………………… 76
売掛金（勘定）…………… 15, 36, 75, 136
営業外収益 ………………………… 146
営業外費用 ………………………… 146
営業活動によるキャッシュ・フロー
　………………………… 70, 149, 166
営業利益 …………………………… 146
英米式決算法 ………………………… 48
親会社株主に帰属する当期純利益
　………………………………… 148, 164

カ

買掛金（勘定）…………… 15, 36, 136
会計期間 ……………………………… 45
会計基準 ……………………………… 4
会計原則 ……………………………… 4

会計公準 ……………………………… 3
開示の原則 …………………………… 7
掛取引 ………………………………… 36
貸方 …………………………………… 23
貸倒れ …………………………… 37, 103
貸倒損失（勘定）……… 16, 37, 103, 104
貸倒引当金（勘定）………… 103, 104
　　──繰入（勘定）………… 103, 104
　　──戻入（勘定）……………… 104
貸付金（勘定）…………………… 15, 87
株主資本 …………………………… 158
貨幣証券 ……………………………… 39
貨幣的評価の公準 …………………… 3
貨物代表証券 ………………………… 39
借入金（勘定）…………………… 15, 87
仮受金（勘定）……………………… 92
借方 …………………………………… 23
仮払金（勘定）……………………… 92
勘定 …………………………………… 13
　　──科目 …………………… 14, 25
　　──口座 ………………………… 25
間接法 ……………………… 70, 105, 106
管理会計 ……………………………… 2
機械装置（勘定）…………………… 97
企業会計 ……………………………… 1
　　──原則 ………………………… 5
企業実体の公準 ……………………… 3
キャッシュ・フロー ……………… 70
　　──計算書 ……… 2, 49, 69, 70,
　　123〜126, 128, 132, 136
　　──の状況 …………………… 148
給料 …………………………………… 15
金融商品取引法 ……………………… 69
金融手形 ……………………………… 88
繰越記入 ……………………………… 49
繰越試算表 …………………………… 49

繰越商品（勘定）…………………	73, 101
クリーン・サープラス関係………	60
クロスセクション分析……………	173
経営成績………………………………	68, 143
経常利益……………………………	146, 161
継続企業の公準……………………	3
継続性の原則………………………	8
決算…………………………………	45, 99
────整理…………………………	100
────の報告………………………	45, 49
────の本手続……………………	45
────の予備手続…………………	45
減価償却……………………………	105
────費…………………………	16, 105
────累計額勘定…………………	105
現金……………………………	15, 33, 125
現金及び現金同等物………………	70
────の期首残高…………………	153
────の期末残高…………………	153
────の増減額…………………	70, 153
現金過不足（勘定）………………	78, 79
現金勘定……………………………	32
現金主義…………………………	99, 124
現金同等物…………………………	125
現金取引…………………………	123, 126
公会計………………………………	1
交換取引……………………………	18
合計残高試算表……………………	52
合計試算表…………………………	52
広告料………………………………	15
公債…………………………………	38
公社債の利札………………………	33
交通費………………………………	16
国債…………………………………	38
固定資産…………………………	132, 156
固定負債……………………………	157
混合取引……………………………	20

サ

財産法………………………………	64
財政状態…………………………	63, 125, 154
────の変動……………………	65, 125
────変動表………………………	125
再振替………………………………	108
債務…………………………………	132
財務会計……………………………	2
財務活動によるキャッシュ・フロー	
…………………………	70, 152, 169
財務諸表……………………………	2, 49
財務レバレッジ……………………	179
雑費…………………………………	16
残高式………………………………	25
残高試算表………………………	52, 59
3分法………………………………	73
仕入………………………………	15, 74
仕入原価…………………………	31, 73, 74
仕入諸掛……………………………	74
仕入値引……………………………	76
仕入返品……………………………	76
仕入戻し……………………………	76
次期繰越……………………………	48
事業の内容…………………………	143
資金…………………………………	69
────繰状況………………………	69
────繰表…………………………	69
────収支表………………………	69
時系列分析…………………………	159
自己資本利益率……………………	173
資産……………………………	13, 154
試算表………………………………	51
実現主義……………………………	100
支払地代……………………………	16
支払手形（勘定）………………	83, 84
支払手数料…………………………	16
支払家賃……………………………	16
支払利息……………………………	16
資本金（勘定）…………………	15, 42, 46
資本証券……………………………	39
資本剰余金…………………………	7
資本取引……………………………	7
────と損益取引との区別の原則…	7
社債…………………………………	38

車両運搬具（勘定）	96
収益	14, 67
───の繰延	107, 110
───の見越	107
従業員預り金勘定	91
従業員立替金勘定	91
純資産（資本）	14, 155
───等式	63
純損失	46
純利益	46
商業手形	88
証券取引法	69
商品（勘定）	15, 31, 73
───証券	39
───売買益（勘定）	15, 31, 32, 101
───売買損勘定	31
正味運転資本	125
消耗品（勘定）	96, 109
───費（勘定）	16, 109
剰余金	7
───区分の原則	7
仕訳	26
───帳	27, 51
真実性の原則	5
信用取引	36, 123
水道光熱費	16
スンマ	10
正規の簿記の原則	6
税金等調整前当期純利益	147
精算表	59, 117
総勘定元帳	27, 51
送金小切手	33
総資産回転率	178
その他の包括利益累計額	158
損益（勘定）	46, 102
損益計算書	2, 49, 60, 67, 68, 123, 124, 126, 128, 132, 136
───等式	60, 68
損益取引	7, 19
損益の繰延	107
損益の見越	107

索　引　──　195

損益法	67

タ

貸借対照表	2, 49, 60, 64, 123, 125, 126, 128, 132, 136
───等式	60, 64
貸借平均	48
───の原則	51
立替金（勘定）	75, 91
建物（勘定）	15, 96
棚卸資産	128
棚卸表	115
他人振出小切手	33
単一性の原則	8
地方債	38
帳合之法	11
直接法	71, 105, 106
追加元入れ	42
通貨代用証券	33
通信費	16
手形貸付金（勘定）	88
手形借入金（勘定）	88
手形の裏書譲渡	85
手形の割引	86
手形売却損	86
当期純損失	64, 67
当期純利益	64, 67, 147
当座	82
当座借越	80
───契約	80
当座勘定	81
当座取引契約	33
当座預金（勘定）	33
倒産	83
投資活動によるキャッシュ・フロー	70, 151, 168
特別損失	147
特別利益	147
土地（勘定）	15, 97
取引要素	23
───の結合関係	18

ナ

名宛人･･････････････････････････････ 84

ハ

売価･････････････････････････････････ 74
配当金･･････････････････････････････ 95
　───領収書･････････････････････ 33
8桁精算表･････････････････････････ 117
発生主義････････････････････････ 99, 124
発送費（勘定）････････････････････ 75
販売費及び一般管理費･･･････････ 146
半発生主義･････････････････････････ 99
引出金（勘定）･･････････････････ 15, 43
非支配株主に帰属する当期純利益･･････ 148
備品（勘定）･･････････････････････ 15, 96
費用････････････････････････････ 14, 67
　───収益対応の原則･･････････ 100
標準式･････････････････････････････ 25
費用の繰延････････････････････････ 107
費用の見越････････････････････ 107, 111
複式簿記･････････････････････････････ 1
負債･････････････････････････････ 13, 154
振替仕訳･････････････････････････････ 46
振出人･････････････････････････････ 84
不渡り･････････････････････････････ 83
分記法･････････････････････････････ 31
簿記上の取引････････････････････････ 16
保険料勘定･････････････････････････ 75
保守主義の原則･････････････････････ 8

マ

前受金（勘定）･････････････････････ 90
前受収益･･････････････････････ 107, 110
前受地代･･･････････････････････････ 110
前受家賃･･･････････････････････････ 110
前受利息･･･････････････････････････ 110
前払金（勘定）･････････････････････ 90
前払地代･･･････････････････････････ 107
前払費用･･･････････････････････････ 107
前払保険料･････････････････････････ 107
前払家賃･･･････････････････････････ 107
未収金（勘定）･････････････････････ 89
未収収益･･････････････････････ 107, 112
未収地代･･･････････････････････････ 112
未収手数料･････････････････････････ 112
未収利息･･･････････････････････････ 112
未払金（勘定）･････････････････････ 89
未払地代･･･････････････････････････ 111
未払費用･･････････････････････ 107, 111
未払家賃･･･････････････････････････ 111
未払利息･･･････････････････････････ 111
明瞭性の原則･････････････････････････ 7
元入れ･････････････････････････････ 42
元入金勘定･････････････････････････ 42
元帳決算･･･････････････････････････ 46

ヤ

約束手形･･･････････････････････････ 84
有価証券（勘定）･･･････････････････ 38
　───売却益（勘定）･･･････ 40, 41
　───売却損（勘定）･･･････ 40, 41
　───報告書････････････････ 141
　───利息（勘定）･･･････････ 95
有形固定資産･･･････････････････････ 96

ラ

利益剰余金････････････････････････････ 7
流動資産･･･････････････････････････ 155
流動負債･･･････････････････････････ 157
ルカ・パチョーリ･･････････････････ 10
連結キャッシュ・フロー計算書････ 149
連結損益計算書････････････････････ 145
連結貸借対照表････････････････････ 155
6桁精算表･････････････････････････ 61

《著者紹介》

斎藤孝一（さいとう・こういち）
1986年　早稲田大学大学院商学研究科（博士課程後期）商学専攻単位取得満期退学。
現　　在　南山大学経営学部教授。

（検印省略）

2013年4月20日　初版発行
2018年6月20日　改訂版発行　　　　　　　　　　　略称―会 計

会 計 原 理 ［改訂版］
― 財務3表の作成と読み方 ―

著　者　斎藤孝一
発行者　塚田尚寛

発行所　東京都文京区　　株式会社　創 成 社
　　　　春日2-13-1

電　話　03 (3868) 3867　　FAX　03 (5802) 6802
出版部　03 (3868) 3857　　FAX　03 (5802) 6801
http://www.books-sosei.com　振替　00150-9-191261

定価はカバーに表示してあります。

©2013, 2018 Koichi Saito　　組版：緑 舎　印刷：亜細亜印刷
ISBN978-4-7944-1524-0 C3034　製本：宮製本所
Printed in Japan　　　　　　落丁・乱丁本はお取り替えいたします。

———— 簿記・会計選書 ————

会計原理 ― 財務3表の作成と読み方 ―	斎藤孝一 著	2,000円
IFRS教育の実践研究	柴　健次 編著	2,900円
IFRS教育の基礎研究	柴　健次 編著	3,500円
現代会計の論理と展望 ― 会計論理の探究方法 ―	上野清貴 著	3,200円
会計利益計算の構造と論理	上野清貴 編著	3,600円
簿記のススメ ― 人生を豊かにする知識 ―	上野清貴 監修	1,600円
複式簿記の理論と計算	村田直樹／竹中徹／森口毅彦 編著	3,600円
複式簿記の理論と計算　問題集	村田直樹／竹中徹／森口毅彦 編著	2,200円
非営利組織会計テキスト	宮本幸平 著	2,000円
監査人監査論 ―会計士・監査役監査と監査責任論を中心として―	守屋俊晴 著	3,600円
社会的責任の経営・会計論 ―CSRの矛盾構造とソシオマネジメントの可能性―	足立　浩 著	3,000円
社会化の会計 ― すべての働く人のために ―	熊谷重勝／内野一樹 著	1,900円
原価計算の基礎	阪口　要 編著	2,400円
活動を基準とした管理会計技法の展開と経営戦略論	広原雄二 著	2,500円
ライフサイクル・コスティング ― イギリスにおける展開 ―	中島洋行 著	2,400円
アメリカ品質原価計算研究の視座	浦田隆広 著	2,200円
ソフトウェア原価計算 ―定量的規模測定法による原価管理―	井手吉成佳 著	2,700円
会計の基礎ハンドブック	柳田　仁 編著	2,600円
監査報告書の読み方	蟹江　章 著	1,800円

(本体価格)

———— 創成社 ————